GOLDMANN

Zur Autorin

Jutta Ditfurth, 1951 in Würzburg geboren, Diplomsoziologin und Journalistin, studierte auch Kunstgeschichte und Politik. Sie arbeitete in Forschung und Lehre, in der Atom- und Chemieindustrie, in Krankenhäusern und Banken, seit 1980 als Journalistin und Autorin. Zahlreiche Veröffentlichungen zu politischen und ökologischen Themen. Politisch aktiv seit Ende der sechziger Jahre, später in der Frauenbewegung und vor allem in der Anti-AKW-Bewegung. Mitbegründerin der Grünen, 1981 bis 1985 Stadtverordnete im Frankfurter Rathaus, 1984 bis 1988 Sprecherin im Bundesvorstand der Grünen, Austritt aus den Grünen im Mai 1991 wegen deren Rechtsanpassung. Gründung der Ökologischen Linken im Dezember 1991. Seit März 1992 eine von drei Bundesvorsitzenden der Deutschen Journalisten-Union (dju) und Mitglied im Hauptvorstand der IG Medien (ehrenamtlich). Jutta Ditfurth arbeitet als freie Journalistin und Autorin und lebt in Frankfurt/Main.

Buchveröffentlichungen: *Die tägliche legale Verseuchung unserer Flüsse und wie wir uns dagegen wehren können, Ein Handbuch mit Aktionsteil,* (Mitherausgeberin R. Glaser), Hamburg 1987; *Träumen Kämpfen Verwirklichen – Politische Texte bis 1987,* Köln 1988; *Lebe wild und gefährlich – Radikalökologische Perspektiven,* Köln 1991; *Feuer in die Herzen – Plädoyer für eine ökologische linke Opposition,* erweiterte Neuausgabe, Düsseldorf 1994.

Zum Herausgeber

Horst Herrmann, Jahrgang 1940, Dr. theol., wurde 1971 Professor für katholisches Kirchenrecht an der Universität Münster, seit 1981 lehrt er Soziologie an derselben Universität. In vielen Veröffentlichungen hat er kritische Themen behandelt und immer wieder – auch in den Medien – Denkanstöße für breite öffentliche Diskussionen geliefert.

In der Reihe *querdenken!* sind bisher erschienen:
Karlheinz Deschner: Was ich denke (12351)
Eugen Drewermann: Was ich denke (12532)
Horst Herrmann: Was ich denke (12515)
Adolf Holl: Was ich denke (12537)
Regine Hildebrandt: Was ich denke (12557)

QUER/DENKEN!

Herausgegeben von
Prof. Dr. Horst Herrmann

Jutta Ditfurth

Was ich denke

GOLDMANN VERLAG

Umwelthinweis:
Alle bedruckten Materialien
dieses Taschenbuches sind chlorfrei
und umweltschonend.

Der Goldmann Verlag
ist ein Unternehmen der Verlagsgruppe Bertelsmann

Originalausgabe März 1995

Umschlaggestaltung: Design Team München
Umschlagfoto: dpa/von Stackelberg, München
Satz: Uhl + Massopust, Aalen
Druck: Presse-Druck Augsburg
Verlagsnummer: 12606
Lektorat: Silvia Kuttny
Herstellung: Stefan Hansen
Made in Germany
ISBN 3-442-12606-1

1 3 5 7 9 10 8 6 4 2

Anders oder gleich?
Über die Entwertung des Menschen

Ist der Mensch nun gut oder böse? Ist er gleich oder doch eher anders? Was ist gleich, was anders? Sind diese Fragen nun einfach Blödsinn, oder worum geht es? Über so etwas sinnieren PhilosophInnen, bestaunt von Normalsterblichen, seit vielen hundert Jahren.

Dabei ist alles so einfach: Der Mensch ist weder gut noch böse, sondern voller unausgeschöpfter Möglichkeiten. Was aus ihm wird, hat vor allem mit den gesellschaftlichen Verhältnissen zu tun, in denen er lebt, auch mit einigen Entscheidungen, die er in diesem engen Rahmen treffen kann. Und was könnte der Mensch alles sein! Um sein ganzes Potential zu entfalten, müßte er allerdings in wirklicher Freiheit leben und wirklich gleich sein können.

Einige Menschen scheinen in dieser Gesellschaft frei zu sein: Sie sind reich und kaufen sich »Freiheiten«: Gewalt, die Arbeit anderer zu kaufen und auszubeuten; Besitztümer aller Art; bessere Ernährung, sauberere Luft in teureren Wohnlagen, reineres Wasser, mehr Gesundheit; sie kaufen Informationen, um sich Privilegien zu beschaffen, und sie kaufen sich Zeit.

Was sie nicht kaufen können, ist die Freiheit, in einer Gesellschaft zu leben, in der die Beziehung zwischen den Menschen eine unvorstellbar andere wäre: sozial gleich, weil das private Eigentum an Produktionsmitteln abgeschafft wäre und der gesellschaftliche Reichtum allen gehörte, eine Gesellschaft, die frei wäre von Ausbeutung, frei von Rassismus, Sexismus und Naturvernichtung, die Menschen frei in der Gestaltung des eigenen Lebens, solidarisch im Leben und Arbeiten mit anderen Menschen, in einer Welt, in der jede geschlechtsspezifische und rassistische Arbeitsteilung aufgehoben wäre, in der »Anderssein« nicht mehr unterdrückt wäre. Jedes menschliche Wesen würde den gleichen Wert und die gleichen Möglichkeiten haben.

Die käufliche Freiheit ist ein erbärmlicher Ersatz und sogar das Gegenteil von Freiheit. Aber wer unter den gegenwärtigen Verhältnissen nicht einmal käufliche Freiheiten hat, ist noch schlechter dran.

Menschen, denen es mies geht, sind im allgemeinen eher bereit, etwas zu tun. Für welche Vorstellungen, für welches politische Konzept sie allerdings zu handeln bereit sind, hängt davon ab, ob eine emanzipatorische soziale Utopie in einer Gesellschaft lebendig ist. Wenn sich diese Utopie mit einer organisierten politischen Kraft verbindet, wenn das Gegenteil der heutigen sozialen Beziehungen, also Solidarität, gelernt werden kann und Menschen hoffen können, daß sich ihre Ziele verwirklichen lassen, kann eine Bewegung aufstehen, die diese Menschen aus den Klauen der kapitalistischen Raffgesellschaft befreit.

Fehlt diese emanzipatorische Hoffnung, wird sich ein Teil der Menschen rechten DemagogInnen öffnen. Das unter anderem unterscheidet die siebziger von den neunziger Jahren: In den siebziger Jahren brach emanzipatorische Hoffnung in viele Bereiche dieser Gesellschaft, in den Neunzigern wird diese Hoffnung auf Befreiung denunziert und den Leuten abgekauft.

»Für wenige Jahre verschmolzen sich kommunistische, radikaldemokratische, linksliberale und pazifistische Tendenzen zu einer antiautoritären Massenbewegung, die nicht nur das politische Antlitz der Bundesrepublik, sondern auch die Teilnahme an der Revolte einschneidend veränderte ...«[1], schrieb der später von staatlichen Repressionsorganen bis zu seinem frühen Tod politisch verfolgte Peter Brückner im Jahre 1972. Da war der Aufbruch noch nicht zu Ende.

Das Lebensgefühl eines Teils der Linken in den siebziger Jahren beschrieb Thomas Ebermann rund zwanzig Jahre später, im Herbst

1 Peter Brückner, *Freiheit, Gleichheit, Sicherheit. Von den Widersprüchen des Wohlstands*, Frankfurt 1973

1993, bei einer Veranstaltung im linken Wiesbadener Café Klatsch: »Das Dilemma der Linken besteht darin, daß sehr viele links waren unter der Maßgabe des absehbaren raschen Erfolgs. Da kann sogar Herr Joschka Fischer Streetfighter sein, wenn er denkt, die Machtübernahme ist absehbar. (...) In dieser Situation stand in den normalen Zeitungen, jetzt kommt die Krise des Kapitalismus, der Ostblock ist stark, die Befreiungsbewegungen siegen, die antiautoritäre Erziehung ist auf dem Vormarsch, die Professoren haben abgedankt, die Pfaffen sind wirklich bald im Bau. Es wurde suggeriert, daß es eine Offensive für Emanzipation und Linkssein gab. Das ist keine Persiflage auf andere, ich habe wirklich auch so gedacht, so partikular: wenn wir gut nachdenken, mobilisieren, überzeugen, publizieren, militant kämpfen, wird es Brokdorf nicht geben. Das war mein Lebensgefühl 1977. Ich habe nicht gedacht, daß wir symbolisch kämpfen, sondern ich habe gedacht, die Mischung aus Überzeugungsarbeit, Militanz und Klugheit in der Argumentation führt dazu, daß, vielleicht war das ein bißchen symbolisch ausgedrückt, ›der Bauplatz wieder zur Wiese wird‹. (...) Ich habe gedacht, sie kriegen den aufgebrochenen Gesinnungswechsel nicht so einfach eingefangen. Die Angst in bestimmten Studien der Herrschenden, daß Leistungsverweigerung um sich greift, daß Produktivität keinen hohen Wert mehr hat im Bewußtsein vieler Menschen, war groß. (...) Ich habe gedacht, bestimmte Momente der Musikszene kriegen die nicht reintegriert. Ich dachte wirklich, so etwas wie Woodstock ergreift die Welt, und davon bin ich Bestandteil. Das ist doch nicht peinlich. Jeder, der über vierzig ist, hatte diese Abschnitte, wo es so schien. Man weiß nicht, wie lange das dauert, aber wir sind eher auf seiten derer, die auch mal gewinnen können. Da muß man ja nicht sagen, namens der Weltrevolution, sondern im Namen der Sachen, die uns wirklich bewegt haben.

Wenn das weg ist, ist doch völlig klar, (...) daß dann ein Bruch kommen muß, wenn sich Dinge durchsetzen, die (heute) in linken Zeitungen als Phantastereien Ewiggestriger besprochen wurden. Hättest Du vor zehn Jahren die Prognose gemacht, die wollen immer noch die Wiedervereinigung, und die Gefahr besteht, daß sie die auch kriegen, hätte der eine gesagt, das ist doch was für den

Schlesierverband und für den Vertriebenenverband, da glauben die doch selbst nicht mehr dran. (. . .) Eine Prognostik, daß die Gesellschaft so diskutiert, wie sie jetzt diskutiert, vor zehn Jahren gemacht, das wäre erstens genial, aber zweitens absolut chancenlos gewesen. Ich hätte das bestimmt nicht hören wollen. Ich war so überzeugt davon, daß der Weg, also eine rebellische, linke, systemkritische Politik bei den Grünen zu machen, dazu führt, die Widerstands- und die systemfeindlichen Potentiale in der Gesellschaft zu stärken. Natürlich ist das blamabel im Rückblick, aber man kann doch nicht sagen, alle wußten immer, daß wir so eine extreme Minderheitsposition sind, und haben unter dieser Maxime Politik gemacht.« Dieses Lebensgefühl zerbrach.

Tatsächlich hat eine außerparlamentarische Anti-AKW-Bewegung in den siebziger Jahren einen großen Teil des Atomprogramms verhindert, gegen die Interessen der Atommafia und gegen alle Parlamente. Eine außerparlamentarische Bewegung gegen den § 218 hat in den siebziger Jahren seine teilweise Liberalisierung erzwungen. Tatsächlich wurde der Strafvollzug und das Demonstrationsstrafrecht reformiert (begrenzt und für begrenzte Zeit). Tatsächlich änderte sich viel in Universitäten und Schulen und im Geschlechterverhältnis. Es wurden Leichtlohngruppen in der Produktion abgeschafft, und es gab breite Solidaritätsbewegungen für streikende und arbeitskämpfende ArbeiterInnen usw.

Der Erfolg unseres Widerstandes läßt sich nicht am Abstand zu den von uns proklamierten Zielen messen, sondern an der Differenz zu dem, was ohne unsere Opposition durchgesetzt worden wäre.

Die Auswirkungen jener begrenzten Veränderungen konnten selbst durch den yuppifizierten Zeitgeist der Achtziger nicht ganz zerschlagen werden. Mit der sogenannten Wiedervereinigung jedoch, Ende der achtziger Jahre, erwarben Hoffnungslosigkeit, Zynismus, deutschnationaler Größenwahn, Obrigkeitsstaat und politische Repression gesellschaftliche Hegemonie.

Die letzten Fasern des Lebensgefühls der Siebziger zerrissen. Staatliche Gewalt hatte schon im »Deutschen Herbst 1977« unter einer SPD/FDP-Regierung den Kampf gegen die linke politische Opposition und die neuen sozialen Bewegungen in aller Härte wiederaufgenommen. Unter der SPD/FDP-Regierung wurde der Polizeiapparat ausgebaut und bewaffnet wie schon lange nicht mehr. Das mögen sich einige, die heute naiv, ahistorisch und opportunistisch die SPD wieder einmal zum kleineren Übel verklären wollen, hinter die Ohren schreiben.

Politiker und staatliche Repressionsorgane setzten in konstruierten Notstandssituationen bürgerlich-demokratische Rechte außer Kraft. Sie ließen bürgerkriegsähnlich gerüstete Polizeitruppen gegen Anti-AKW-DemonstrantInnen marschieren, nebelten uns mit CS-Gas ein, überflogen uns StaatsfeindInnen mit Bundesgrenzschutzhubschraubern fern jeder Grenze im Innern des Landes, überwachten und verfolgten uns, schlossen uns in die paramilitärischen Fahndungen nach RAF-Mitgliedern ein. War unsere gesellschaftliche Wirkung, etwa mit der Anti-AKW-Bewegung, doch wesentlich größer und staatsgefährdender als etwa die heute weitgehend mystifizierte Rolle der RAF.

Die meisten Menschen hielten den Druck und die Verfolgung nicht aus. Die Massenbewegung schrumpfte auf verschiedene Fäden, hinein in grüne Listen und Grüne, in autonome Initiativen, in eine Vielzahl von Projekten. Kleine Gruppen gingen in den bewaffneten Untergrund. Die Mehrheit privatisierte oder zog sich auf kleine, überschaubare Projekte zurück. In dieser vorläufigen Niederlage ersoffen viele Hoffnungen auf weitergehende soziale Umwälzungen. Vorläufig.

Alle Debatten beginnen auch wieder von vorn. Schlechte Karten haben emanzipatorische Oppositionsbewegungen nur dann, wenn die Geschichte dieser Kämpfe vergessen wird; vernichtet sind sie, wenn jede Hoffnung auf radikale, emanzipatorische, soziale Veränderungen ausgelöscht ist. Für die historische Erinnerung und die neuen Debatten brauchen wir soziale Utopien, in die Werte und Prinzipien einfließen, als Grundlage gesellschaftlicher Analyse, Theorie und Praxis. Wenn wir sie nicht in Besitz nehmen, tun es die GegnerInnen von Selbstbestimmung und Solidarität. Eine dieser Forderungen, für die es sich zu kämpfen lohnt, ist die soziale Gleichheit des Menschen.

Damit ein Mensch die ganze Palette des Menschseins ausleben kann, müßten die Verhältnisse, in denen er lebt, frei von Ausbeutung und Herrschaft, und jeder Mensch dem anderen in seiner Verschiedenheit gleich sein. Das wäre eine Gesellschaft, in der niemand diskriminiert wird, niemand unterdrückt, in der keine ökonomische Konkurrenz mehr Verlierer produziert.

Ein paar vage Vorstellungen von Gleichheit hat fast jedeR. Ein paar kleine bürgerlich-formale Gleichheiten gibt's in diesem Land ja auch. Doch werden sie überhöht und wie eine bunte Kulisse vor die reale soziale Ungleichheit gestellt. Der Mythos soll die Wirklichkeit verdecken.

Der deutsche Untertan bleibt bescheiden und endlos dankbar für ein bißchen Scheingleichsein: Ob arbeitslos oder Daimler-Vorstandsvorsitzender, er darf wählen. Zwar ist die Auswahl beschränkt, und er ist etwas verwirrt von den fremden Bildern, die die Medien von seiner Wirklichkeit in den Wahlkämpfen zeichnen. Aber in jener Sekunde, in der er den Wahlzettel einwirft – ist er da nicht denen zum Verwechseln gleich, welche die Medien besitzen?

Das ist noch nicht alles. Du bist selbst Deinem Arbeitgeber, dem Du zwangsweise Deine Arbeitskraft verkaufst, vor dem Gesetz gleich. Jedenfalls solange Du ausblendest, daß die Formulierung des Gesetzes von seinen Bütteln stammt und auch die Interpretation des ›gleichen Rechts‹ seinen Interessen folgt. Deine Gleichheit ist relativ. Ihre Voraussetzung ist die soziale Ungleichheit. Du bist als Mensch individuell verschieden, sozial bist Du ungleich und nicht einmal vor dem Gericht bist Du das, was sie behaupten: wenigstens formal gleich vor dem Gesetz.

Da gibt es zum einen politisches Gesinnungsrecht gegen politische Meinungen und Aktivitäten in Gestalt der sogenannten Anti-Terror-Gesetze (§ 129a und § 130a StGB), die wahlweise, nach politischem Belieben und politischer Notwendigkeit angewandt werden können, um real existierende Herrschaftsverhältnisse zu rechtfertigen. Dieses Gesinnungsrecht hebelt das ›normale‹ *etwas* gleichere Strafrecht aus. Gegen faschistische Mörder und Schreibtischtäter wird Milde geübt. Streikende und linke DemonstrantInnen dürfen mit unterschiedlicher kollektiver Repression rechnen, je nachdem, wie sehr sie die Herrschenden bedrohen. Gelegentlich erscheint es den staatlichen Repressionseinrichtungen politisch opportun, Strafbares nicht zu verfolgen, wie etwa bei den LKW-Blockaden an der österreichischen Grenze oder bei den Straßenblockaden in Ruhrgebietsstädten anläßlich der Auseinandersetzungen um die Stahlproduktion in Rheinhausen. Die Staatsanwaltschaft kann *politisch* entscheiden: Erhebt sie Anklage oder nicht?

Auch außerhalb der offen politischen Justiz herrscht klassenspezifisches Recht: Wer arm ist, kann sich selten gut verteidigen (lassen). Ein Chemiekonzern kann seine Kritiker meist mit teuren Gutachtern in die Ecke drängen. Wer eine geringe Bildung und einen niedrigen sozialen Status hat, hat vor den meisten Gerichten die schlechteren Karten. Und je ärmer und marginalisierter Menschen sind, um so weniger kennen sie ihre Rechte. Eine einfache Untersuchung des Steuerrechts und des Sozialrechts zeigt: Gesetze und Verordnungen für Reiche lassen großzügige (Abschreibungs)-Spielräume. Gesetze und Verordnungen für Arme sind voller wirksamer Bedrohungen und penibel, bis zur halben Glühbirne berechnend.

Die Menschen, die ihre Arbeitskraft verkaufen müssen, weil sie keine andere Erwerbsquelle haben, sind schon einmal in ihren *Voraussetzungen* nicht gleich: Sie sind unterschiedlich an körperlicher Kraft, an Bildung, an sozialen Fähigkeiten wie beispielsweise Durchsetzungsfähigkeit. Der eine Mensch kann in der gleichen Zeit mehr arbeiten als ein anderer. So gesehen macht der erkämpfte gleiche Lohn für gleiche Arbeits*zeit* die Menschen ein winziges bißchen gleicher als etwa der Akkordlohn, bei dem der Mensch für ein Stück Produkt bezahlt wird, unabhängig von der für seine Herstellung aufgewendeten Arbeitszeit.

»Ein winziges bißchen gleicher« gilt allerdings nur unter der Prämisse einer kapitalistischen Wirtschaftsweise, die insgesamt gegen soziale Gleichheit steht. Erkämpfte Rechte innerhalb des Kapitalismus, Schutzzonen unter den Bedingungen von Leistungsterror und Ausbeutung sind nicht mit Elementen sozialer Utopie für eine mögliche künftige Organisation der Arbeit zu verwechseln.

Tatsächlich wird diese mäßige Errungenschaft, der gleiche Lohn für gleiche Arbeit, abgeschafft: Die Schwächeren, die weniger Gesunden, die Älteren werden entlassen. Auch auf diese Weise werden Arbeitslosenstatistiken gefälscht. Immer mehr Menschen werden schon mit 55 Jahren in den sogenannten Vorruhestand geschickt. Es wurde und wird ein Heer von versteckten Erwerbslosen geschaffen. Die Lohnkosten werden auf staatliche Zahlungen verlagert: Arbeitslosengeld, Arbeitslosenhilfe, Kurzarbeitergeld, Sozialhilfe, gekürzte Rentenzahlungen.

Die Arbeit in der – innerhalb einer Tarifstufe – gleich bezahlten Zeit wird intensiver, der Mensch unter wachsendem Druck gnadenloser ausgebeutet. Und ob Zeitlohn oder Stücklohn: Die erkämpfte Miniatur an Gleichbehandlung geriet nie auch nur annähernd zur sozialen Gleichheit. Der Arbeitende schuf immer mehr Wert zugunsten desjenigen, der seine Arbeitskraft nicht nur kauft, sondern auch noch ihren Preis drückt. Prozentuale Tariferhöhungen vergrößern die Kluft zwischen arm und reich von Jahr zu Jahr.

Überall auf der Welt haben sich Menschen begrenzte Gleichheiten blutig erkämpft: etwas Krankenversicherung hier, eine Prise Streikrecht dort. Sie haben in den kapitalistischen Zentren für einige Zeit den 14-Stunden-Tag abgeschafft, damit ein erschöpfter Rest vom Leben bleibt. Für die meisten Frauen, sofern sie verheiratet waren und Kinder hatten, gab es den 8-Stunden-Tag ohnehin nie. Sie arbeiteten unbezahlt für Haus und Kinder in einer geschlechtsspezifisch arbeitsgeteilten Gesellschaft.

In dieser mehrfach gespaltenen Gesellschaft können Wege gefunden werden, den privilegierteren Lohnabhängigen vielleicht noch einige Arbeitszeitverkürzungen zuzugestehen. Für das Heer der anderen wird mit der Durchlöcherung der Tarife, durch Flexibilisierung, Deregulierung, durch alle jene massenhaften, ungeschützten Arbeitsverhältnisse diese Arbeitszeitbeschränkung aufgehoben. Es wird wie in den USA sein: Viele Menschen brauchen zwei miese Jobs, um sich und ihre Angehörigen ernähren zu können, neben den Erwerbslosen und Wohnsitzlosen wächst die Gruppe der »working poor« auf Millionen.

»Working poor« sind Menschen in den USA, die Vollzeitbeschäftigungen nachgehen, die sich am gesetzlichen Mindestlohn von

5,25 US-Dollar orientieren oder darunter liegen. Von 5,25 US-Dollar läßt sich auch dort keine Familie ernähren, zumal die Lebenshaltungskosten in den USA höher sind als in der Bundesrepublik. Sofern eine Kleinfamilie existiert, müssen beide Erwachsene je zwei mies bezahlte Jobs haben. Nur eine Minderheit der Arbeitenden in den USA ist krankenversichert, nur ein Teil hat Aussicht auf Rente.

Es ist in der BRD noch nicht vorstellbar, daß die Pflichtkrankenversicherung oder die Rentenversicherung abgeschafft wird. Aber beide werden unterhöhlt. Den Schwächsten geht es immer schlechter. Wer in Deutschland krankenversichert ist und kein oder ein geringes Einkommen hat, dem wird immer mehr an gesundheitlich notwendiger Versorgung verwehrt (von einem gesundheitsfördernden Leben und Gesundheitsvorsorge ganz zu schweigen). Die für eine wirkliche Gesundheitsversorgung nötigen zusätzlichen Leistungen werden zu einem Teil von Privatversicherungen bezahlt, deren Prämien sich die meisten Menschen nicht leisten können.

Hunderttausende werden in den USA jährlich entlassen. Die Menschen werden planvoll massenhaft umgeschichtet. Tarifvereinbarungen werden auch durch Entlassungen und durch Wiedereinstellung in schlechter bezahlte Jobs in anderen Betrieben ausgehebelt und mit ihnen alle sozialen Sicherheiten. Wer einen neuen Job kriegt, dessen Bezahlung liegt im Schnitt rund 53 Prozent unter dem Lohn für seinen alten Job, und für viele sind Krankenversicherung und Rentenversicherung beim großen Verschub auf der Strecke geblieben. Während die Profite explodieren, wird die Arbeit so sehr verbilligt, daß sie für diesen Preis nicht mehr herstellbar ist: Ein Arbeiter, eine Arbeiterin kann mit einem vollen Lohnarbeitsplatz kein abgesichertes, wenn auch bescheidenes Leben mehr führen.

Das nach Personalstärke größte Unternehmen der USA ist der Sklavenhändler Manpower, eine sogenannte Zeitarbeitsfirma, mit rund 740 000 Beschäftigten. Die Firma kassiert als Menschenzwischenhändler weit höhere Beträge von den »Arbeitgebern« für eine Arbeitsstunde als der Mensch, der tatsächlich arbeitet. Selbstverständlich existiert das Geld, die Menschen anständig zu entlohnen.

Darum geht es nicht, und darum ging es nie: Es wird lediglich jede politische Chance genutzt und herbeigeführt, aus der Ausbeutung menschlicher Arbeitskraft – und bald auch des Menschen als biologische Ressource – und der Verwertung der Natur den maximalen Profit zu ziehen. Das ist die Kernregel des Kapitalismus, und jeder, der das bestreitet, lügt.

Der unterschiedliche Stand der Ausbeutung des Menschen weltweit, die Ungleichzeitigkeit der Entwicklung seiner Verwertung hat mit historischen Entwicklungen und politischen Verhältnissen zu tun, mit Zufällen und mit Widerstand: An der grundsätzlichen Logik dieser mörderischen Wirtschaftsweise ändert sich dadurch nichts.

Die Zeiten sind so beschissen, daß uns das bißchen formale politische und juristische Gleichheit, das wir ohnehin nie wirklich und widerspruchsfrei besaßen, wieder weggerissen werden soll. Neue soziale Ungleichheiten kommen, und die alten werden zementiert wie Beton. Wären wir wirklich frei und wirklich gleich, könnten wir anders sein. Aus all den erstickenden heimlichen und offenen Normen ausbrechen. Kaum vorstellbar Anders zu sein. Noch *anders* Anders, als wenn wir heute waghalsig Tabus überschreiten, Regeln verletzen, Provozieren, Schockieren, Ausflippen, unsere viel beschworene Identität über das Anderssein und die Provokation finden.

Wobei sich diese Art von Anderssein erst mal negativ und reaktiv bestimmt. Wir könnten dann so sein, daß es selbst unsere wildesten Träume vom ganz anderen Leben überrennt. Menschsein wäre mehr als die *Reaktion* auf geahnte oder reflektierte Mauern, auf die Gefangennahme unserer menschlichen Möglichkeiten, uns zu entfalten.

Während eines Straßenfestes in Frankfurt/Main standen zwei kleine Jungs neben mir, etwa fünf und neun Jahre alt. Sie hielten sich an der Hand und bewegten sich keinen Schritt. Ich war verantwortlich für einen Malplatz. Wir hatten Farben eingekauft, Fingerfarben, Pinsel, eine große Papierrolle, bunten Karton. Da waren auch ein paar Becher mit Wasser. Alle Kinder stürzten sich darauf, tobten sich mit Farben aus, beschmierten sich und das Papier voller Vergnügen. Bis auf die beiden Jungen. Sie starrten sehnsüchtig auf die anderen Kinder und schwiegen. Es gelang mir nicht, sie dazu zu bringen, daß sie malten. Irgendwann hatten sie aber so viel Vertrauen, daß sie mir sagten, was los war: Doch, sie würden gern malen, sehr gern sogar, und auch die Farben wären sehr schön. Aber ihre Lehrerin habe ihnen erklärt, sie könnten nicht malen. Ihre Eltern hätten dann gesagt, die Lehrerin hätte recht und sie würden sich nur blamieren. Diese Kinder hungerten nicht, sie sahen gesund aus. Niemand schien sie physisch zu mißhandeln. Jemand hatte ihnen nur ihre Spontanität und Kreativität genommen. Sie waren schon deformiert worden, wie es die meisten Menschen erst werden, wenn die Resignation ihr beherrschendes Lebensgefühl geworden ist.

Unsere Phantasie zehrt heute von der *Umkehrung* der Gefängnissituation: So ist mein Leben kaum erträglich, was wäre wenn ... Die Negation ist die Voraussetzung der anderen Vorstellung, zugleich aber auch ein ziemlich enger Zaun.

Es ist unglaublich, wieviel Kraft in dieser Gesellschaft in den Versuch gesetzt wird, der Realität zu entfliehen. Ich meine nicht Träume, Phantasie, Kreativität, wildes Austoben. Das brauchen Menschen. Nur: wie viele Stunden täglich hängen Menschen vor der Glotze? Wie viele dröhnen sich regeltäglich mit Alkohol zu? Wie wenig Zeit gibt es für soziale Kommunikation und Lust auf Veränderung der politischen Verhältnisse? Wie wenig Beziehung zur Natur gibt es und wie viele Freizeitparks? Wie viele lebende Leichen gibt es? Wieviel Verwechslung von Individualität mit Designerklamotten?

Von wirklicher Gleichheit und von der Freiheit, unser individuelles Anderssein auszuleben, sind wir weit entfernt. Vielleicht haben wir nicht einmal eine Ahnung. Aber zum Kampf um soziale Gleichheit reicht das, was wir heute von Unterdrückung einerseits und sozialer Utopie andererseits wissen (können), allemal.

Anders als in Frankreich gab es in Deutschland im 19. Jahrhundert und danach nicht einmal eine bürgerliche Revolution, nur ein paar kleine demokratische Erhebungen, die rasch niedergeschlagen oder in ihr Gegenteil verkehrt wurden. Und es gab proletarische Revolutionen von furchtbar kurzer Lebensdauer. Manchmal erscheint mir dieses Land wie der Ursprung aller Obrigkeitsstaatlichkeit, das Nest aller UntertanInnen.

Trotzdem zogen die Parolen der französischen Revolution von 1789 »Freiheit, Gleichheit, Brüderlichkeit« mit reichlicher Zeitverzögerung auch in Deutschland ein. Papiernes Ideal in einer deutschen Verfassung wurden sie teilweise, nach zwei Weltkriegen und dreizehn Jahren NS-Faschismus. Dem Land, das sich aus dem Faschismus nicht selbst befreien konnte, weil seine Bevölkerung ihn massenhaft trug, kamen sie gerade recht. Wie hätte mensch vor den Befreiern dagestanden, vor den Leichenbergen, nur mit ein paar Persilscheinen in der Hand? Da mußte doch der Beweis angetreten werden, daß es noch ein paar hehre Werte mehr gab als das Leugnen und die Lügen. Es galt auch, einen neuen Pakt gegen Osten zu schmieden. So geriet ein bißchen formale, kaum lebensfähige Gleichheit ins Grundgesetz: »Alle Menschen sind vor dem Gesetz gleich« (GG Art. 3, Abs. 1). Da schimmelt die Gleichheit noch heute. Sehr offenherzig auch: »(...) Die Freiheit der Person ist unverletzlich. In diese Rechte darf nur auf Grund eines Gesetzes eingegriffen werden.« (GG Art. 2, Abs. 2)

Zuvor waren die meisten Vorstellungen über sozialrevolutionäre Veränderungen am staatstragenden Reformismus der Sozialdemokratie und an den Dogmen der Politik der Komintern gescheitert, sozialrevolutionäre Hoffnung wurde samt ihren kommunistischen und sozialistischen TrägerInnen in den KZs ermordet, sie erstarrte später im Osten in bürokratischen Herrschaftsstrukturen oder pervertierte gar zu stalinistischen Exzessen, zum Beispiel gegen KommunistInnen, die für ihr Ideal kämpften. Im Westen gab es vorerst wenig Revolutionäres, was wenigstens hätte erstarren können.

Die Themen der neuen Kämpfe in der alten Bundesrepublik waren die Verhinderung der Wiederbewaffnung, der Kampf gegen Atomwaffen und gegen die Notstandsgesetze. Wer etwa in der KPD auch gegen soziales Elend und für Vergesellschaftung kämpfte, wurde politisch verfolgt, die Partei vom Bundesverfassungsgericht verboten. Zum Focus, zum Brennspiegel der politischen Unzufriedenheit, die all die Jahre wuchs, wurde dann später der schon einige Jahre dauernde Krieg in Vietnam. Die Emanzipation der Menschen, die Befreiung der Länder des Trikont[2] vom US-Imperialismus, daneben auch die soziale Gleichheit, war unser Thema.

Die Agitation gegen den Imperialismus der USA in Lateinamerika, Asien und Afrika und den ihrer deutschen Bündnispartner bezog ihre Kraft auch aus einem veränderten Lebensgefühl: Musik, freiere Sexualität – und der ungeheuren Wut über die deutschen Verbrechen im Faschismus, über Auschwitz und die nachfolgende Verdrängung durch diejenigen, die uns erzogen, bevormundeten, reglementierten, Leben und Arbeit beeinflußten.

Ein Hauch von Emanzipation zog auch in die restliche Gesellschaft ein und half bei einer gesellschaftlichen Liberalisierung, welche von den geänderten ökonomischen Rahmenbedingungen aufgesogen wurde. Besonders das vom Export abhängige Großkapital hatte für seine neuen Pläne kein Interesse mehr am Mief der fünfziger und sechziger Jahre. Die technischen Entwicklungen zur Steigerung von Produktivität und Profit verlangten mehr Beschäftigte mit höherer Bildung und spezifischen technischen und wissenschaftlichen Qualifikationen. Die »Arbeitszufriedenheit« verbreitete sich als Gegenstand wissenschaftlicher Forschung so wie die neuesten Erkenntnisse der Entwicklung von Gruppenmodellen statt Fließbandarbeit etwa bei Volvo. An der Ausbeutung änderte sich nichts.

Bei der »Humanisierung der Arbeitswelt« stießen zwei Interessen aufeinander: die Notwendigkeit von mehr Höherqualifizierung aus Sicht des Kapitals auf der einen und die Hoffnung auf ein bißchen soziale Emanzipation von der anderen Seite.

In den Parolen der großen Streiks Anfang der siebziger Jahre gab es Gleichheitsforderungen. Die linken Bewegungen, die mit den

2 Trikont: die drei von kapitalistischen Zentren unterentwickelt gehaltenen Kontinente Asien, Zentral- und Südamerika sowie Afrika. Mit dem Begriff wird der Versuch gemacht, die Hierarchie im Begriff »Dritte Welt« durch eine neutrale Kategorie zu ersetzen.

siebziger Jahren den 68ern folgten, nahmen diese auf, so wie sie sich auch aus den blinden Flecken der APO speisten: Frauenbewegung, Anti-AKW-Bewegung, Alternative Projekte und immer wieder kurz aufflackernde wilde Streiks und Auseinandersetzungen in Betrieben. Im glücklichsten Fall qualifizierten sich die neuen Bewegungen, wie etwa die Anti-AKW-Bewegung, zu mehr als ein Anliegen umfassendem, antikapitalistischem politischem Widerstand. Die Forderung nach Gleichheit tauchte in jener Zeit in diesen Bewegungen nur in Fragmenten auf: in Arbeitskämpfen oder in der Frage der Befreiung der Frau.

Der gesellschaftliche Konsens blieb bürgerlich: die Gleichheit konnte mensch sich nur als formale vorstellen: Menschen sollten vor Gericht formal gleich behandelt werden (juristische Gleichheit) und Männer wie Frauen, Arme wie Reiche, unabhängig vom Einkommen wählen dürfen (politische Gleichheit). Wählen dürfen alle, mit rassistischen und sozialen Ausnahmen: keine AusländerInnen, keine ImmigrantInnen ohne deutsche Staatsangehörigkeit, keine Flüchtlinge, und erschwert ist die »gleiche Wahl« für Wohnsitzlose.

Immer noch war die formale Gleichheit ein Mantel, unter dem sich Ungleichheit, Klassenrecht, politisches Recht der Herrschenden tummeln. Das oberste Ziel war und ist, ungleiche Einkommensverhältnisse und Vermögensverteilung, sowie deren Grundlage, die kapitalistische Verschleiß- und Verschwendungswirtschaft, abzusichern.

Verlangte die linke Opposition mehr, wollte sie *soziale* Gleichheit, das bedeutet die Abschaffung der Klassen und damit die Abschaffung der Herrschaft einer Klasse über die andere, damit dann auch die Aufhebung der privaten Verfügung über Produktionsmittel (nicht die Enteignung des Eigenheims), trafen wir stets ins Nervenzentrum dieser Gesellschaft. Die äußersten sozialen Forderungen, die breitere Unterstützung fanden, waren z. B. die Abschaffung der Leichtlohngruppen (vorzugsweise Frauen) oder die Sympathie für die Besetzung von Fabriken, die Konkurs gegangen waren, und ihre Übernahme in ArbeiterInnenselbstverwaltung.

Die Vorstellung, rechtliche und politische Gleichheit könnte durch soziale Gleichheit überwunden werden – beide sind in ihr enthalten –, produziert stets Hysterie. Dann war es aus mit den schönen Debatten zwischen Rudolf Augstein und Rudi Dutschke. Der Kitzel für das Bürgertum, sich mit den ungebärdigen jungen Leuten einzulassen – weil auch manchem Bildungsbürger diese Bundesrepublik zu eng geworden war –, ersoff über die Jahre im Interesse, die eigenen materiellen Grundlagen nicht anzutasten. – Wobei in diesen Auseinandersetzungen zwischen Bürgertum und Linksradikalen weit mehr politisches Leben tobte, als wenn sich der Spiegel heute statt der FDP den grünen Josef Fischer hält.

Das war machbar: Weniger Antikommunismus gegen Osten und vielleicht die DDR anerkennen (gut für neue Märkte), meinetwegen die Knackies nicht ganz wie Dreck behandeln (brauchbar fürs Image), den § 218 liberalisieren (die Nachfrage nach qualifizierten weiblichen Arbeitskräften wuchs) oder Hierarchien hier und dort durch (viel effektivere) andere Modelle der Arbeitsorganisation ersetzen, ein bißchen mehr ›Entwicklungshilfe‹ (gekoppelt mit Absatzmärkten fürs deutsche Kapital).

Aber soziale Gleichheit? Niemals! Abschaffung des Kapitalismus, von dem einige doch so schön profitierten? »Geht doch rüber!« (gemeint war die DDR) oder wenigstens: »Seht doch rüber!« Auch ihre Lieblingsdrohung stieß ins Nichts: »Ihr steht nicht auf dem Boden der FDGO«, der Freiheitlich Demokratischen Grundordnung. Ja, und? Wer seine »Ordnung« schon »freiheitlich« nennen muß, weiß, wie wenig frei sie ist.

Helmut Ridder, emeritierter Professor für öffentliches Recht und Politische Wissenschaft, faßt seine lebenslange Auseinandersetzung mit Verfassungsrecht und Verfassungswirklichkeit so zusammen: »Freiheitlich hat mit Freiheit so viel zu tun wie Schönheitlichkeit mit Schönheit. (. . .) Freiheitlichkeit ist eine pragmatische Freiheit, in der es soviel Unfreiheit geben kann, wie die Staatsräson fordert, um die Sache auf den Punkt zu bringen.«[3]

Wir wollten tatsächlich mehr als »Gleichheitlichkeit«, wir woll-

3 *Helmut Ridder im Gespräch,* in: Konkret 10/1994

ten Umwälzung, soziale Revolution, die Abschaffung des Kapitalismus (einige von uns wollen sie immer noch). Marx benannte den Widerspruch: »Das Menschenrecht der Freiheit hört auf, ein Recht zu sein, sobald es mit dem politischen Leben in Konflikt tritt, während der Theorie nach das politische Leben nur die Garantie der Menschenrechte, der Rechte des individuellen Menschen ist, also aufgegeben werden muß, sobald es seinem Zweck, diesen Menschenrechten widerspricht.«[4]

Das meiste, was wir erkämpft hatten, wird gerade demontiert. »Nicht auf dem Boden des Grundgesetzes stehen?« Wir stehen heute, so groß unsere Füße auch sein mögen, auf dem Grundgesetz herum und verteidigen die jämmerlichen Reste von demokratischen Menschenrechten, diesen erbärmlichen historischen Kompromiß. Wir verteidigen ihn gegen die gleichen Angreifer von rechts, die uns damals, mit positivem Bezug auf das Grundgesetz, die politische Existenzberechtigung absprechen wollten. Den Kampf um die Reste des Asylrechts und um die Verhinderung von deutschen Kampfeinsätzen in aller Welt haben wir soeben verloren.

Einen Witz nur hat die Angelegenheit: Wenn ich mir die Paranoia manch eines »Verfassungsschützers« vorstelle, der uns erst als GegnerInnen, dann als VerteidigerInnen des Grundgesetzes, beide Male jedoch als Bedrohung für die Verfassung, zu observieren hatte.

Was sind das für lausige Zeiten, in denen Linke bürgerliche Werte gegen BürgerInnen verteidigen müssen! Und nicht etwa nur gegen Rechte! Im Bestreben, die PDS in Windeseile in diesem Staat herrschaftsfähig zu machen, diskreditiert beispielsweise André Brie, Cheftheoretiker und Wahlkampfleiter der PDS im Bundestagswahlkampf 1994, Linke, die sich auf Grundrechte beziehen wollen. Er beklagt ihren lästigen »Grundrechtsfundamentalismus«, den »Gestus des Einklagens von Grundrechten« als »einer Art

4 Karl Marx, *Zur Judenfrage*, MEW 1, S. 367

politischer Notwehr«[5] Das diskriminierende Bild vom »Grundrechts*fundamentalismus*« meint: Da steigern sich offensichtlich Menschen in religiösem Wahn in die Vorstellung, ein paar bürgerliche Grundrechte könnten auch für sie gelten. Wem nützt solch ein Zynismus in diesen Zeiten? Warum nicht gleich die ›Flexibilisierung‹ und ›Deregulierung‹ von Menschenrechten fordern?

Was wir einmal ›liberale Öffentlichkeit‹ nannten, ist, von einzelnen und einzeln agierenden Personen abgesehen, völlig am Boden. Wir haben kaum eine andere Wahl: Neben praktischer politischer Arbeit wie dem Schutz von Flüchtlingen und ImmigrantInnen und reichlich vielen anderen Auseinandersetzungen, müssen ausgerechnet wir als Linke und Linksradikale heute bürgerlich-demokratische Werte verteidigen, wenn uns nicht aller Boden für weitergehende gesellschaftliche Emanzipation genommen werden soll. Ständig geraten wir dabei mit denen ins Gemenge, die am meisten von diesen Freiheiten profitier(t)en, sie jetzt aber verächtlich machen, schmähen, abschaffen wollen, weil sie eine neue große Phase des Raffens und Eroberns riechen.

Wir wollen eine herrschaftsfreie, klassenlose Gesellschaft mit völlig veränderten Beziehungen der Menschen untereinander und des Menschen zur Natur. Und was geschieht? Wir werden zu innerstaatlichen Feinden erklärt, müssen den Aufbau einer neuen Qualität von militaristischer Polizei beobachten und versuchen dennoch, die innere Militarisierung, die in der Maske des Sicherheitsstaates gegen Mafia und Organisiertem Verbrechen daherkommt, aufzuhalten. Eigentlich war das auch einmal Anliegen der guten, liberalen BürgerInnen. Bis jene von der Furcht besessen wurden, Flüchtlinge aus aller Welt könnten sich an ihrem schönen Besitz vergreifen.

Wenn dieses Bürgertum erst mal von der Panik ergriffen wird, Schiß hat vor vermeintlichem oder tatsächlichem sozialen Abstieg, verliert es vollends den Verstand. (Wer es nicht glaubt, möge die

5 Die Tageszeitung v. 30. 6. 1994; zit. nach: Peter Bierl/Manfred Zieran, *PDS & SPD: Volksfront für das Kapital. Von der Staats- zur Regierungspartei,* in: ÖkoLinX 16, Juli–September 1994, S. 71

Jahre vor 1933 betrachten.) Und wenn Deutschland jetzt doch Weltmacht, europäische »Kernnation« werden kann, wenn neue Eroberungen und Pfründe locken, ist ohnehin alles wurscht, was früher wert war. Da wird die früher als so anregend und amüsant empfundene »innerstaatliche« Opposition gleich mit abgeräumt. Irgendwann, nach dem nächsten großen Fressen wird gerülpst, und mensch kann sich wieder ein bißchen emanzipatorisch-originelle Kultur und einige der früher hochgeschätzten kleinen Freiheiten leisten, ob vor Gericht, in den Medien oder anderswo.

Während beinahe jeder junge Faschist und jede junge Faschistin TeilnehmerIn eines gut dotierten Jugendförderprogramms der Bundesregierung werden kann, verteidigten wir ein bereits restriktives, durchlöchertes Recht auf Asyl gegen seine restlose Abschaffung, vergeblich. In kurzer Zeit hatten RassistInnen einige hundert Menschen, die ihnen fremd erschienen, ermordet oder schwer verletzt. Hinter dem milden Schein der Lichterketten konnte sich das Interesse der rassistischen Mörder verbergen: das Recht auf Asyl, fast die einzige Konsequenz aus dem Faschismus, wurde de facto abgeschafft. Diese Gesellschaft hatte ihr rassistisches Coming-out, in vielerlei Facetten.

Der Bürger will das Elend, das ihn privilegiert, nicht nah bei sich. Zuviel Armut läßt das Mitgefühl und die Grundstückspreise sinken. Nur über die Distanz der Glotze mit eingeblendeter Spendennummer zur gefälligen Entlastung sind Flüchtlinge auszuhalten. Mensch will ja nicht die eigene materielle Basis in Frage stellen. Soziale Gleichheit? Aufhebung der herrschenden internationalen Arbeitsteilung? Absurd.

Für breiten, konkreten Widerstand sind wir zur Zeit noch zu wenige: Es schien undenkbar, und doch sind jetzt deutsche Kriege in aller Welt wieder möglich. Eine der wenigen Reaktionen auf den Faschismus war das Verbot deutscher Kampfeinsätze, verankert im Grundgesetz. Eine konzertierte Aktion von SPD/CDU/FDP bis hin zum Bundesverfassungsgericht (BVG), toleriert von Teilen der Grünen, hob es auf. Noch sind ein paar fadenscheinige Hilfskonstruktionen nötig, wer wann wie eingreifen darf. Aber das sind fadenscheinige Bastionen. Vor wenigen Jahren hieß es: Nie wieder deutsche Soldaten hinaus in die Welt. Keine deutsche Kriegsbeteiligung. Dieses Land ist schuld an zwei Weltkriegen und Millionen von Toten usw. Für den ungehinderten Zugriff auf »strategisch wichtige Rohstoffe« – ein altes, neues Synonym für Krieg – und auf sonstige Reichtümer dieser Welt genügt, sagt das Bundesverfassungsgericht jetzt, die *einfache* Mehrheit im Bundestag. Die CDU jubelt über die Erlaubnis für Krieg. Die SPD lobt dessen »Kontrolle« durch den Bundestag. Unterschiedliche Artikulationen der neuen deutschen Freude auf Mord und Totschlag im Namen von Demokratie, Menschenrechten und wenn es in die kommende Kriegspropaganda paßt, vermutlich auch zur Rettung der Natur.

»Keines der sogenannten Menschenrechte geht also über den egoistischen Menschen hinaus, über den Menschen, wie er Mitglied der bürgerlichen Gesellschaft, nämlich auf sich, auf sein Privatinteresse und seine Privatwillkür zurückgezogenes und vom Gemeinwesen abgesondertes Individuum ist«[6], schreibt Karl Marx.

Der Gleichheit aller Menschen geht es mies. Der Widerstand gegen die herrschenden Verhältnisse wäre in einem besseren Zustand, hätten sich nicht einige unserer früheren MitkämpferInnen zu eigenem Vorteil auf die andere Seite geschlagen. Wie Katalysatoren helfen sie bei der Demontage einfachster demokratischer Werte. Die kleinen Dämme gegen die Brutalisierung dieser Gesellschaft, erkämpft in den sechziger und siebziger Jahren, bersten unter den Wassermassen des Verrats.

Was ich nie verstehen werde: Wenn eineR nicht mehr kämpfen kann, müde ist, resigniert, kaputt – wieso muß er oder sie zum Schwein werden und die Seite wechseln? Kämpfen gegen das, was eigenes Ideal war? Mit mehr Haß als je gegen die andere Seite? Es gibt doch so verträgliche Alternativen: Rosen züchten, Gruppentherapie, Modellflugzeuge bauen oder Computerspiele?

Werte, auf die wir uns vermeintlich beziehen konnten, sind weg. Die DammbrecherInnen signalisieren den Herrschenden (manches »Ach, ich habe so schrecklich geirrt« füllt dicke Bücher, die dann

6 Karl Marx, *Zur Judenfrage*, MEW 1, S. 366

von den neuen Freunden wohlwollend rezensiert werden!): Ja, wir haben uns getäuscht. Ihr hattet ja recht: Gleichheit kann nicht funktionieren, wir brauchen Eliten. Nein, die Menschen sind von Natur aus unterschiedlichen Werts, laßt uns unsere (herrschende) Kultur wehrhaft gegen die weniger Gleichen verteidigen.

So zerbricht die dünne Schale des bürgerlich-demokratischen Scheins. Die Gesellschaft barbarisiert. Und ehemalige KampfgefährtInnen beschleunigen den Prozeß, helfen manche mühsame Zurückhaltung zu enthemmen, öffnen Ventile, legitimieren die Zerstörung individueller und gesellschaftlicher Freiheiten.

Der Bürger Hans Magnus Enzensberger beschreibt in seinem Essay »Ausblicke auf den Bürgerkrieg«[7] seitenlang physische Gewalt überall auf der Welt. Drastische Mordszenen sollen seiner Behauptung dienen, daß nichts mehr diese weltweite fürchterliche Gewalt erklärt, sondern sie gleichsam »endogen« in uns allen stecke. Auch alles politische Bemühen sei ganz und gar vergeblich, wo doch neutrale, nach Ansicht Enzensbergers an keinerlei Weltmachtinteressen gebundene Einrichtungen wie die UNO sich tapfer um ihre Eindämmung bemühten und dennoch zum Scheitern verurteilt seien: »Soviel Schuldgefühl, soviel Geld, so viele Soldaten wie nötig wären, um alle Bürgerkriege der Welt stillzulegen, gibt es nicht.«

Vor nicht allzu langer Zeit gab es noch politische Klarheit darüber, daß die UNO ein interessengeleiteter, vorrangig von den USA gesteuerter Apparat ist, der dem Zweck dient, die eigentlichen Interessen der kapitalistischen Großmächte hinter dem Mythos der neutralen Instanz zu verschleiern. Mit ein bißchen Erpressung oder Wirtschaftshilfe konnten die USA in den Organen und Gremien der UN – nach dem Zusammenbruch der Sowjetunion, die ein Vetorecht gehabt hatte –, meist jeden Militäreinsatz oder ganze Kriege wie den Golfkrieg durchsetzen. Um eine historische Erklärung, eine ökonomische Analyse bemüht sich Enzensberger erst gar nicht.

Zwanzig Jahre zuvor hat einer Enzensbergers rhetorische Frage

7 Hans-Magnus Enzensberger, *Ausblicke auf den Bürgerkrieg*, in: Der Spiegel 25/1993

längst beantwortet: »... sind wir bereit, der Gewalt menschlicher Produkte und Produktionsverhältnisse über den Menschen ein Ende zu machen? Oder wollen wir weiterhin eine ›bürgerliche Gesellschaft‹, nur ohne ihre Konsequenzen, was nun einmal nicht angeht?«, schreibt Peter Brückner 1972.[8]

All die Gewalt im *Fernseh*apparat zu beobachten, soviel Schreckliches in den Zeitungen zu lesen, strengt an. Bevor der erschöpfte Enzensberger aufgibt, sich in seinen venezianischen Palazzo zurückzieht und dem/der LeserIn empfiehlt, sich von der Forderung der Allgemeingültigkeit (Universalismus) der Menschenrechte zu verabschieden (»Allmachtsphantasien«), schlägt er noch einmal ganz und gar nicht müde auf alte MitkämpferInnen ein: Befreiungsarmeen seien von »marodierenden Banden« für den fernen Beobachter nicht mehr zu unterscheiden.

Der wortgewandte Autor, der es stets verstand, auch seine Klischees auf das Allerfeinste in Worte zu kleiden, stottert, wenn's nützt, herum wie ein Analphabet: »Das wirre Alphabet, mit dem sie (die Befreiungsarmeen; d. A.) sich schmücken, FNLA oder FNLS, MPLA oder FMLN, kann nicht darüber hinwegtäuschen, daß sie kein Ziel, kein Projekt, keine Idee zusammenhält, sondern eine Strategie, die diesen Namen kaum verdient, denn sie heißt Raub, Mord und Plünderung.«

Die Arroganz des elitären Eurozentristen, der nicht einmal mehr Abkürzungen, geschweige seine Mittelschichtspanik und die Realität auseinanderhalten mag, läßt ihn ignorieren, daß das wirkliche Problem etwa mit der salvadorianischen FLMN ist, daß sie in wesentlichen Fragen ihre Vorstellungen von Befreiung und sozialer Emanzipation aufgibt und beginnt, wie die Sozialdemokraten überall auf der Welt, zur stinknormalen, reformistischen, mit dem Kapital paktierenden Volkspartei zu werden, die den Gedanken soziale Befreiung nur noch verächtlich macht. Das ist das Problem mit der ›abgekürzten‹ FLMN, und nicht, daß sie »marodiert«.

Eine kritische Auseinandersetzung mit Befreiungsbewegungen,

8 Peter Brückner, *Freiheit, Gleichheit, Sicherheit. Von den Widersprüchen des Wohlstands,* Berlin 1989; S. 26 (Vorwort von 1972)

wie sie eine Traditionslinie internationalistischer Linker seit jeher praktizierte[9], ist dies nicht. EinE politisch kluge BetrachterIn würde die Abkürzungen unterscheiden, die LeserInnen durch intellektuelle Anstrengung ernst nehmen, und sich mit den einzelnen Befreiungsbewegungen und ihren tatsächlichen Fehlern sorgfältig auseinandersetzen. »Das wirre Alphabet, mit dem sie sich schmücken, BRD, NATO, UNO, KSZE, WEU, EU, USA, kann nicht darüber hinwegtäuschen, daß sie kein Ziel, kein Projekt, keine Idee zusammenhält, sondern eine Strategie, die diesen Namen kaum verdient, denn sie heißt Raub, Mord und Plünderung«, sagt Enzensberger nicht.

Enzensberger, der keine Analyse der sozialen Verhältnisse der USA hat, ist offensichtlich inzwischen gleichgültig, daß dort mehr als ein Drittel der »schwarzen« und Hispanic-Kinder hungern oder mangelernährt werden, viele weder schreiben noch lesen können, die Säuglingssterblichkeit höher ist als im von den USA blockierten Kuba und die Perspektive für die meisten jungen »schwarzen« Männer Tod durch Erschießen, Knast, Drogen oder bestenfalls US-Army bedeuten.

Wenn Menschen über einen unendlich langen Zeitraum, der ihr ganzes Leben und das der Generationen vor ihnen ausmachen kann, nur Signale der Demütigung empfangen, die Botschaft: »Ihr seid weniger wert« in allen Bildern einer Gesellschaft hören und schließlich »explodieren«, wie kann ihre Reaktion ein »endogener Prozeß« und ein *unerklärlicher* »Flächenbrand« genannt werden? Was ist so merkwürdig daran, daß Underdogs gegen Underdogs losgehen? Gleichwohl würde es mich freuen, gingen sie gegen diejenigen los, die ihre Lage verschulden. Aber dabei fänden sie Enzensberger wohl kaum an ihrer Seite. Der strukturelle Profiteur der Verhältnisse, von denen sie kaputt gemacht werden, verlangt von ihnen auch noch, daß sie als Opfer freundlich auftreten. Muß der Flüchtling einen guten Charakter haben und ein angenehmes Äußeres?

Die Zerstörung eines Krankenhauses in Mogadischu ist für En-

9 Vgl. Werner Balsen/Karl Rössel, *Hoch die Internationale Solidarität. Zur Geschichte der Dritte-Welt-Bewegung in der Bundesrepublik*, Köln 1986

zensberger ein zentrales Beispiel für die plötzliche, überbordende, unerklärbare weltweite Gewalt. Medikamente und medizintechnische Geräte seien besinnungslos zerstört worden, obgleich doch die Vandalen selbst morgen Patienten sein könnten. Hat er wirklich so ahistorische Vorstellungen von Spielregel-Kriegen, in denen für die Fahrt des Sanitätswagens alle Kriegshandlung voller Respekt unterbrochen wird? Hat er nie Berichte kolonialer Gemetzel, von Völkermord, aus Konzentrationslagern und Gefängnissen gehört oder gelesen?

Die Gewalt auf der Welt, nein, er kann sie nicht verstehen. Sie widerspricht seiner »Vernunft«. Als ob diese Art von Vernunft je etwas anderes war als der idealisierte Verstand, das ganz gewöhnliche verklärte *Interesse* des Bürgers. Noch ist Dichter Enzensberger nicht bei einer genetischen Erklärung für den Vandalismus angelangt. Noch nicht.

Gewalt – Mord und Folter, nie *auch* strukturelle Gewalt – ist ihm nicht auch Folge von Herrschaft, Ausbeutung, Fremdbestimmung, sondern bloß ein rätselhafter »neuer Aggregatzustand« der Politik. Kreuzzüge, Bauernkriege, Kolonialherrschaft, Faschismus – alte »Aggregatzustände« oder doch irgendwie erklärbar? Es ist so typisch noch für die klügsten guten Bürger, daß sie nach eigenen, meist sehr begrenzten sozialen Bemühungen, einmal enttäuscht von der Welt, nur noch Zynismus und Haß auskotzen. Es ist nichts als Angst, Angst vor Auseinandersetzungen und vor einer Umstellung des eigenen Lebens, und nicht zuletzt physische Angst. Schlimm ist nicht die Angst, sondern daß sie geleugnet wird und rationalisiert wird, anstatt sich mit ihr auseinanderzusetzen.

Verpackt in die Schilderung eines Konglomerates von blutigen, ursachenlosen, vermeintlich weltweit typischen Erscheinungen, finden wir hochpolitischen antidemokratischen Sprengstoff: Europäer und Nordamerikaner haben, sagt Enzensberger, seit 200 Jahren (!) allüberall Menschenrechte proklamiert und seien nun selbst schuld, wenn sie beim Wort genommen werden. »Postulate, die ausnahmslos und ohne Unterschied für alle gelten sollen. Ihr Universalismus kennt keine Differenz von Nähe und Ferne.« In der Verpflichtung, jeder solle für alle verantwortlich sein, zeige sich ihr

»theologischer Kern« und die »Pflicht«, »Gott ähnlich zu werden«. Also weg damit. Weg mit der Mühsal, selbst in schwierigen Verhältnissen für gesellschaftliche Veränderungen zu kämpfen. Steht doch auch in der Bibel: »Liebe Deinen Nächsten« und nicht etwa deinen Fernsten.

Nein, der hysterische Bürger Enzensberger, der es einmal gut meinte, als er Kuba unterstützte, bis sich die Objekte seiner Solidarität leider als fehlerhafte Wesen herausstellten, kann diese fremde Welt mit all diesen gewalttätigen Menschen nicht mehr verstehen.

»Wir« haben uns 200 Jahre bemüht und geben nun auf, indem wir uns wieder auf den Allernächsten konzentrieren: auf uns selbst. Ich betrachte die Geschichte Europas, all die angeblichen Versuche, seit 200 Jahren die Menschenrechte durchzusetzen, und habe mit Enzensberger nichts mehr zu reden.

45 Prozent der Jugendlichen fühlen sich als Deutsche anderen Völkern überlegen, fand der *Spiegel* in einer Untersuchung heraus.[10] Im gleichen Heft findet sich ein Teil der Antwort. »Die Nation begreifen Sie auch als Schutzgemeinschaft. Wogegen?«, fragt der *Spiegel* seinen Interviewpartner. »Gegen alle Gefährdung von Frieden und Freiheit, und zwar nicht nur im kriegerischen Sinne. Ich erinnere einmal daran, daß der Club of Rome in seinem Bericht geschrieben hat, das dramatische wirtschaftliche, soziale, ökologische und politische Gefälle zwischen Ost und West in Europa, und auch zwischen Süd und Nord, können zu Wanderungsbewegungen in einer Dimension führen, die die Stabilität rechtsstaatlicher Demokratien in Westeuropa untergraben könne. Ich erinnere auch an die globalen Probleme der Überbevölkerung«[11], antwortet Wolfgang Schäuble, CDU/CSU-Fraktionschef. Die Nation ist eine Schutzgemeinschaft, und zwar gegen Flüchtlinge und EinwandererInnen.

Schäuble weiter: »Die deutsche Geschichte besteht Gott sei Dank nicht nur aus Auschwitz und Wirtschaftswunder. Zu dem Zusam-

10 Der Spiegel 38/1994
11 a. a. O.

mengehörigkeitsgefühl der Deutschen hat Martin Luther gewiß soviel beigetragen wie Napoleon.«[12]

Thomas Münzer, der Gegenspieler Martin Luthers, kämpfte für eine Eigentumsgemeinschaft der Menschen. Religiös verfangen in seiner Zeit, erhob er dennoch richtige gesellschaftliche Forderungen: Es sei göttlicher Wille, daß kein Mensch das Recht habe, über andere zu herrschen. Die »bäuerliche-plebejische Ketzerei« verlangte im 14. und 15. Jahrhundert neben, manchmal mit der bürgerlichen Ketzerei »die Herstellung des urchristlichen Gleichheitsverhältnisses (...) sie zog von der ›Gleichheit der Kinder Gottes‹ den Schluß auf die bürgerliche Gleichheit und selbst teilweise schon auf die Gleichheit des Vermögens.«[13]

Luther, auf den sich Schäuble und andere Deutschnationale gern beziehen, glaubte »an das göttliche Recht der Fürsten und Grundherren, das Volk mit Füßen zu treten«. Nach seinem Pakt mit dem Adel hetzte er in einem Pamphlet gegen die Aufständischen. »Schlagt sie tot, die Hunde!«[14] Nein, die deutsche Geschichte besteht nicht ›nur‹ aus Auschwitz.

Nationale Geborgenheit als individuelles Menschenrecht oder immer das gleiche? Die Nation wird für die Interessen der Herrschenden konstruiert und die gemeinschaftsstiftende Aufgabe der Ausgrenzung aller diese Herrschaft bedrohenden, ob innen (Linke) oder außen (Flüchtlinge), gebraucht.

Die Gründung des Deutschen Reichs lag im Interesse der herrschenden Klasse. Die politische Konstruktion »Nation« wurde gebraucht, um Handelshemmnisse in Gestalt von Zollschranken zwischen all den kleinen Fürstentümern aufzuheben und die Produktionsmittel in der Hand der besitzenden Minderheit zu konzentrieren. Für die ökonomische Zentralisierung wurde als Verpackung die politische Zentralisierung im Rahmen der Nation gebraucht. Mit einem natürlichen Interesse der Menschen nach nationaler Geborgenheit statt sozialer hatte dies nie etwas zu tun.

12 a. a. O.
13 Friedrich Engels, *Der deutsche Bauernkrieg*, MEW 7, S. 345
14 Friedrich Engels, *Fortschritte der Sozialreform auf dem Kontinent*, MEW 1, S. 489

Antje Vollmer, Repräsentantin des äußersten rechten Flügels bei Bündnis 90/Die Grünen, half 1989 in Teilen des liberalen Bürgertums, – noch vor Schäuble und anderen – Widerstände gegen eine erneute deutschnationale Identität zu enthemmen.[15] Ihr Ehrgeiz treibt sie weiter, Schritt für Schritt zur Verleugnung eigener früherer linker Positionen, nicht etwa nur zur Befreiung von stalinistischem Ballast, was mir gefiele.

Als sie vier Jahre nach der Gründung, 1983, zu den Grünen kam, bot sie sich den Linken als Vertreterin an. Damals hatten diese für einige Jahre eine Mehrheit in den Grünen, und Vollmer vertrat meist wenigstens vage linke Positionen. Da sie jedoch selten eine klare Meinung bezog, ihre Ansichten meistens von Mehrheiten abhängig machte, mißtrauten wir ihr. Indem sie sich in jedem nachfolgenden Konflikt, auch solchen, die sie selbst anheizte, als »Vermittlerin« zu inszenieren suchte, gelang ihr später der Positionswechsel in die neue Mehrheit bei den Grünen, die Basis für ihren persönlichen Ehrgeiz.

Die Politik von Menschen wird erklärlich, wenn mensch versteht, was eineN antreibt. Wo es bei Josef Fischer der durchsichtige, berechenbare Wille ist, von den Mächtigen im Land ernst genommen zu werden, und unbedingt zu den falschen Leuten zu gehören (»von gleich zu gleich«), womit er eher den Typ des klassischen Parvenus darstellt, ist Vollmer kein Preis zu hoch, eines Tages zur großbürgerlichen Elite, zu einer bestimmten Abteilung der Herrschenden dieses Landes zu gehören. Sehr viel verschleierter, ziselierter in der Sprache, erarbeitet sie sich die Mitgliedschaft im Club der sich intellektuell gebärdenden (Groß)BürgerInnen.

Auf einem Symposium der *Zeit* für Helmut Schmidt verkündete sie 1994: »In der Bundesrepublik haben wir das Experiment der Egalität bis zum äußersten getrieben. Das hat mit der Sozialdemo-

15 Vgl.: 1) Jutta Ditfurth, *Feuer in die Herzen – Plädoyer für eine ökologische linke Opposition*, stark überarbeitete und erweiterte Neuausgabe, mit ausführlichem Register, Econ Verlag, Düsseldorf, 1994, S. 242; und 2) Jutta Ditfurth, *Lebe wild und gefährlich – Radikalökologische Perspektiven*, Kiepenheuer & Witsch, Köln 1991, S. 79/80

kratie zu tun, die ein bürgerliches Bewußtsein per Programm gar nicht erzeugen wollte (...) wir brauchen eigentlich ein politisches Bürgertum (...) Zu dieser bürgerlichen Kultur gehört, daß man etwas nicht nur hat, sondern daß einer auch weiß, daß sich daraus bestimmte Aufgaben und Verantwortlichkeiten gegenüber dem Gemeinwesen ergeben. Man darf also nicht nur die Führung haben wollen, man muß auch Schulen gründen, Universitäten gründen, für ein Theater zuständig sein. Und man muß, wenn das Vaterland in Not ist (...) eben wissen, daß das einen etwas angeht.«[16]

»Egalität« – also Gleichheit – »bis zum äußersten« droht der grünen Bundestagsabgeordneten, wenn wirklich alle Menschen sozial gleich wären. Ein Schreckensbild für eine ehemalige Maoistin, die allzeit phrasenbereit bei Fuß steht, wenn »Führung« gefragt ist und das »Vaterland« nach ihr ruft und die nun, dank der Unterstützung der CDU, auch Bundestagsvizepräsidentin ist. Wenn sie dann eines Tages dazugehören darf, wäre es wirklich bedauerlich, wenn alle ideellen und materiellen Privilegien fehlten, für die über Jahre ein so hoher Preis an Selbstverleugnung bezahlt wurde.

Privilegien sind *Vor*rechte vor anderen. Ihre *Voraussetzung* ist – wie bei »Führung« und »Elite« – die Ungleichheit. Als das Bürgertum per Revolution gegen die Vorrechte des Adels kämpfte, gab es kurze Zeit vor, für die Gleichheit aller Menschen zu kämpfen. – Es war unter anderem die Sache von Babeuf und den Sansculotten, von Olympe de Gouges und anderen, den Kampf um die wirkliche, die soziale Gleichheit voranzutreiben. Ihre Forderungen wurden durch die Kämpfe der ArbeiterInnenbewegung des 19. Jahrhunderts wiederaufgenommen, als diese die Gleichheitsforderungen selbstverständlich auch auf die Gleichheit an Produktionsmitteln ausdehnten.

Vielleicht sollten sich Leute wie Vollmer erinnern, was Marx zum Verhältnis von Ökonomie und Ideologie analysierte: daß »die Produktionsweise des materiellen Lebens den sozialen, politischen und

16 *Demokratie in der Krise* – Ein *Zeit*-Symposium zum 75. Geburtstag von Helmut Schmidt, ZEIT-Punkte Nr. 1/1994

geistigen Lebensprozeß überhaupt« »bedingt«[17], »daß alle gesellschaftlichen und staatlichen Verhältnisse, alle religiösen und Rechtssysteme, alle theoretischen Anschauungen, die in der Geschichte auftauchen, nur dann zu begreifen sind, wenn die materiellen Lebensbedingungen der jedesmaligen entsprechenden Epoche begriffen sind und erstere aus diesen materiellen Bedingungen abgeleitet werden«[18], wie Engels ergänzt. Marx: »Es ist nicht das Bewußtsein der Menschen, das ihr Sein bestimmt, sondern ihr gesellschaftliches Sein, das ihr Bewußtsein bestimmt.«[19] Ein Satz übrigens, dem der dümmere Teil der AnarchistInnen stets Determinismus, mechanische gesellschaftliche Entwicklung und das Fehlen des subjektiven Faktors unterstellt hat.

Es gibt heute Citoyens, die einen langen Marsch weg von linken Positionen hinter sich haben. Sie fallen selbst hinter die bürgerlichen Mainstream-Forderungen der Französischen Revolution zurück.

»Wo Juden auftauchen, werden sie in aller Regel schnell zu troublemakers, die fast ausschließlich als Last und Zumutung erscheinen und die in der Tat insofern asozial oder genauer: nicht-sozial sind, als sie nicht erkennen lassen, daß sie zu der Gesellschaft, in der sie leben, Zugang finden wollen (...) (wir haben) zwar keine Wahl, als diese ungebetenen und in der Tat provozierenden Gäste aufzunehmen, aber aufgrund ihrer Lebensweise werden sie ständig Anstoß erregen und damit z. B. die öffentliche Diskussion um das Asyl negativ beeinflussen. Das öffentliche Klima würde vergiftet.«

Dieses fürchterliche Zitat könnte einer der zahllosen antisemitischen Tiraden gegen die Ostjuden und Ostjüdinnen entnommen sein, wie sie nach dem Ende des 1. Weltkriegs, etwa zwanzig Jahre vor Auschwitz, überall in Deutschland kursierten. Quer durch alle

17 Karl Marx, Zur Kritik der politischen Ökonomie, MEW 13, S. 8, 9
18 Friedrich Engels, Karl Marx, *Zur Kritik der Politischen Ökonomie* (Rezension), MEW 13, S. 470
19 Karl Marx, Zur Kritik der politischen Ökonomie, MEW 13, S. 9

politischen Lager und Klassen wurde den OstjüdInnen ein primitives kulturelles Niveau und asoziales Verhalten unterstellt: Man könne sie in die deutsche Gesellschaft nicht integrieren.

Aber dieser rassistische Text wurde siebzig Jahre später geschrieben, von einem, der heute Bündnis 90/Die Grünen im Europaparlament vertritt und noch 1994 Dezernent für multikulturelle Angelegenheiten in Frankfurt am Main ist. Ich habe Daniel Cohn-Bendits Text nur in einem Punkt verändert, indem ich »Roma und Sinti« durch »Juden« ersetzte.

Cohn-Bendit und Mitautor Thomas Schmid schreiben in ihrem Buch *Heimat Babylon*[20] (1992) weiter: »In einem Frankfurter Stadtteil mit eher traditioneller Struktur konnte ein deutscher Eigenheimbesitzer, der arbeitslos geworden war, die Raten für sein Haus nicht mehr bezahlen, und die Familie, die gute Kontakte zur Nachbarschaft unterhalten hatte, mußte ausziehen.« Mitfühlendes Entsetzen packt die beiden Bürger, als das Entsetzliche geschieht: In diese *deutsche* Idylle, in dieses *deutsche* Haus mit seinen *deutschen* Nachbarn setzte die Stadt eine Romafamilie. »Die deutschen Anwohner (...) hatten vertraute Nachbarn verloren, nun wurden ihnen gänzlich fremde vor die Nase gesetzt. Es lag für die Nachbarn nahe, in dem einen eine Ungerechtigkeit (offensichtlich hatten sie nichts gegen die hohen Kreditzinsen der Banken einzuwenden, die womöglich für den Bankrott des früheren Nachbarn verantwortlich waren; vielleicht hatte ›der deutsche Nachbar‹ sich auch einfach leichtsinnig verschuldet; J. D.), in dem anderen eine Strafe zu sehen – zumal die Romafamilie nicht die geringsten Anstrengungen unternahm, mit den Anwohnern ins Benehmen zu kommen. Jeden Morgen fuhr statt dessen ein Kleinbus vor, der die ganze Familie abholte, zu Unternehmungen, über die die wildesten und (möglicherweise gar nicht so falschen) Vermutungen in der Straße kursierten.«

Theorie und Praxis stimmten diesmal überein: Cohn-Bendits Amt hatte alle in Frankfurt lebenden Sinti und Roma erfassen

20 Daniel Cohn-Bendit/Thomas Schmid, *Heimat Babylon*, Hoffmann und Campe, Hamburg 1992, S. 289 ff.

wollen. Mit Fragebögen sollten auch die – bei »Zigeunern« ja nicht anders zu erwartende – Bettelei, Kriminalität und Prostitution detailliert erfaßt werden. Nach Protesten aus der SPD mußte sich der grüne Dezernent öffentlich entschuldigen und die Fragebogen zurückziehen, dessen rassistische Konstruktion er mit dem gleichfalls rassistischen Argument, eine Sintezza sei an der Umfrage beteiligt worden, zu rechtfertigen suchte.

Was werfen Cohn-Bendit und Schmid der Romafamilie in *Heimat Babylon* nun vor? Daß sie sich nicht um die Gunst ihrer Nachbarn bemühte. Na und? Ist die eigene Revolte gegen spießige Nachbarschaften schon vergessen? Mai 68: War alles nur Buhlen um die Gunst der BürgerInnen? Die Romafamilie wird morgens, Vater, Mutter, Kinder, von einem Kleinbus abgeholt! Da kommt allerdings keine ordentliche deutsche Kleinfamilie hinterher, denn da geht jede und jeder morgens hübsch getrennt und pünktlich aus dem Haus zu den diversen Erziehungs- und Erwerbsanstalten. Bei den Roma sind es mysteriöse »Unternehmungen«, zu denen sie »geholt« werden. Anständige Arbeit kann das niemals sein. Woher sollten Roma die auch bekommen? Sicher nicht vom Multikultidezernenten. Die wilden Phantasien in den Köpfen der rassistischen Beobachter verdichten sich zu »möglicherweise gar nicht so falschen« Vermutungen. Wir wissen ja, wie die Zigeuner so sind. Alle Menschen sind gleich?

Der moderne Rassismus setzt – im Unterschied zum traditionellen Rassismus – nicht unbedingt auf die physische Vernichtung des »Fremden«, des »Anderen«. Aber der Multikultirassist unterscheidet Flüchtlinge und MigrantInnen messerscharf: in den »assimilierten«, hart und billig arbeitenden Türken, der nicht umgebracht werden darf, aber mit dem mensch selten wirklich nachbarschaftlich lebt, und in die ganz fremden, unangepaßten Roma, die auch vom Multikultistadtrat Cohn-Bendit und seinem Berater Schmid rassistisch diffamiert und behandelt werden können wie der letzte Dreck. Der Mensch ist nicht gleich. Einen gewissen Wert erhalten er und sie – in den Augen des Bürgertums – durch ihre ökonomische Nützlichkeit: am Fließband, in Dutzenden von Billigstdienstleistungen vom Pizzaservice über Kurierservices bis zu Haushaltsarbeit. Wehe, ein Mensch ist nicht einmal mehr zur Ausbeutung zu gebrauchen!

Wen überrascht da noch, daß Daniel Cohn-Bendit der rechtsextremen Zeitschrift *Mut* im Januar 1994 ein Interview gab?[21] Herausgeber von *Mut* ist der frühere NPD-Bundestagskandidat Bernhard-Christian Wintzek. Wintzek ist Autor des Buches *Unsere Väter waren keine Verbrecher*, in dem er den Massenmord an den Juden leugnet. Wintzek ist auch vielfältig verfilzt in zahlreiche neonazistische Organisationen. In *Mut* schreiben Faschisten. Die Kritik an *Mut* ist bekannt. 1965 in Neonazikreisen gegründet, wurde *Mut* 1979 von der Bundesprüfstelle für jugendgefährdete Schriften wegen »Rassenhasses« auf den Index gesetzt. Die Funktion von *Mut* ist seit Jahren, Verbindungen zwischen neofaschistischen und konservativen Kreisen herzustellen.[22] Der grüne Europaabgeordnete Cohn-Bendit ist also nicht etwa auf eine neue, unbekannte Tarnorganisation hereingefallen. Er läßt sich unter dem Titel »Es ist immer gefährlich, das Gute total zu wollen« von Felizitas von Schönborn über elf Seiten befragen, unter anderem über die Fehler der Linken. Ist Cohn-Bendit völlig durchgeknallt?

Neben Freiheit und Brüderlichkeit wurde die Gleichheit *(égalité)* in der Französischen Revolution Grundlage der 1789 proklamierten *Déclaration des droits de l'homme et du citoyen* (Erklärung der Rechte des Menschen und des Bürgers). Heute, am Ende des 20. Jahrhunderts, existieren die Werte der Französischen Revolution von 1789 – Freiheit, Gleichheit, Brüderlichkeit (Solidarität) – nur noch als Zerrbilder, diffamiert als Schwulst, Traum oder Utopie. Der Kampf der BürgerInnen gegen die Vorherrschaft von Adel und Feudalismus brachte gewisse bürgerliche Freiheiten wie das

21 in: MUT – Forum für Kultur, Politik und Geschichte, Nr. 317, Januar 1994, S. 48–58

22 Die Informationen über *Mut* und Wintzek stammen z. B. aus: Kurt Hirsch, *Rechts von der Union. Personen, Organisationen, Parteien seit 1945. Ein Lexikon.* Knesebeck & Schuler, München 1989, S. 27, 70, 78, 138, 460; und: ID-Archiv im ISSG (Hg.), *Drahtzieher im braunen Netz. Der Wiederaufbau der »NSDAP«.* Edition ID-Archiv, Berlin/Amsterdam 1992, S. 26f.

angeblich »gleiche« Wahlrecht – unabhängig vom Eigentum – oder die *formale* Gleichheit vor dem Gesetz. Seinen höchsten Ausdruck fand letzteres im bürgerlichen Zivilrecht als einem Set von Spielregeln für die Besitzenden untereinander.

Damit auch die Nichtbesitzenden mitspielen, müssen die Regeln in der Gebrauchsanweisung dieses Spiels für alle ausgeschrieben sein. Und alle sollen daran glauben, auch wenn sie nicht über Kapital verfügen. Aber auch wenn die Nichtbesitzenden als angeblich Gleiche von gleichem Recht profitieren, etwa als MieterInnen oder als VerbraucherInnen, bleibt gleiches Recht für sozial ungleiche Menschen doch ungleiches Recht.

Marx beschreibt in seinen Ausführungen über das Holzdiebstahlsgesetz, was die neue liberale Rechtssprechung brachte: »Ihr Verfahren (allgemeines Recht zu formulieren) war richtig gegen die, welche Gewohnheiten außer dem Recht, aber es war unrichtig gegen die, welche Gewohnheiten ohne das Recht hatten.« Er nennt ein Beispiel: »Indem man das Klostereigentum zum Privateigentum machte und etwa die Klöster entschädigte, hat man nicht die Armen entschädigt, die von den Klöstern lebten. Man hat ihnen vielmehr eine neue Grenze gezogen und sie von einem alten Recht abgeschnitten.[23] Die positiven Gewohnheitsrechte der kleinen Leute wurden mit der allgemeinen beschränkten Gleichmachung ersatzlos abgeschafft. So wurde in einem Atemzug mit der formalen Gleichmachung nicht nur soziale Ungleichheit nicht aufgehoben, sondern auch neue Ungleichheit hervorgebracht.

Wirkliche *soziale* Gleichheit aller Menschen war niemals das Ziel bürgerlicher Revolutionen, sondern die Veränderung der Produktionsverhältnisse im aufkommenden Kapitalismus und damit der Tauschverhältnisse: freier Handel und freie Konkurrenz und darin Gleichheit der BürgerInnen. Weder Stand noch Geburtsrecht, keine *alten* Vorrechte sollten mehr einer Klasse einen Vorteil sichern, sondern allein das Kapital, das Eigentum an Produktionsmitteln, der Zugriff auf die Verwertung allen gesellschaftlichen Reichtums

23 Karl Marx, *Debatten über das Holzdiebstahlsgesetz*, MEW 1, S. 117

einschließlich der Natur und vor allem die Verfügbarkeit über die Arbeitskraft anderer.

Der Bürger und die Bürgerin waren mit ihren Theoretikern (und wenigen bekannten Theoretikerinnen) der Meinung, die Ungleichheit des Besitzes liege in der Natur des Menschen, die ihn mit unterschiedlichen Fähigkeiten ausgestattet habe. Der Mensch sei zwar in seinen Rechten gleich, aber nicht nach seinem Eigentum, und auch unterschiedliche Fähigkeiten begründeten seine »natürliche« Ungleichheit, womit nie seine Individualität, sondern stets sein sozialer Status gemeint war. Fast alle Fähigkeiten aber ›erwirbt‹ ein Mensch: seine sozialen Fähigkeiten, sein Wissen, seine physische Gesundheit, von einigen oft überschätzten biologischen Voraussetzungen abgesehen.

Die so ungleichen Fähigkeiten sind also weitgehend ein *soziales* Resultat. Die wenigen Dinge, die teils tatsächlich, teils scheinbar unabhängig von gesellschaftlichen Einflüssen unterschiedlich bleiben, wie weibliche und männliche Genitalien, Körpergröße, Farben von Haut, Augen und Haaren, die Blutgruppe und weniges andere, sind ausgenommen, aber auch nicht von Bedeutung. Sofern sie Bedeutungen haben, wurden diese künstlich hergestellt, gesellschaftlich konstruiert.

Schon bei den vererbten physischen »Anlagen« für Krankheiten ist es, bis auf geringe Ausnahmen, Sache der sozialen und natürlichen Umwelt, ob sie ausbrechen oder nicht und vor allem, ob Menschen unter ihnen leiden oder nicht.

Zum »Ausbruch« von Pest oder Tuberkulose gehören nicht bloß Viren, sondern die Armut als Speisekammer für die Krankheitsüberträger. Ob Knochen krumm oder gerade wachsen, hat meistens, nicht immer, mit den Lebensverhältnissen eines Kindes zu tun. Ich kann mir vorstellen, daß wir alle, so gesehen, schreckliche Möglichkeiten in uns tragen. Was davon ausbricht, was uns quält, was uns krank und kaputt macht, was unsere schöpferischen und sozialen Eigenschaften als Menschen zerstört, liegt außerhalb von uns. Damit wird, was uns beschränkt und quält, Gegenstand von harten, politischen Auseinandersetzungen.

Die soziale Verschiedenheit des Menschen soll hinter seiner formalen Gleichheit verschwinden, anstatt seine individuelle Verschiedenheit in sozialer Gleichheit aufblühen zu lassen.

Die Menschen sollen nicht sehen, daß es auch heute noch die beiden Klassen gibt: die besitzende Klasse, die über die Arbeitskraft der meisten anderen Menschen verfügt und die sich für den eigenen Profit einen großen Teil des Wertes (den Mehrwert) fremder Arbeitskraft aneignet, und, auf der anderen Seite, die große Mehrheit der Menschen, die vom Verkauf ihrer Lohnarbeit leben muß, abhängig ist und kein Eigentum (schon gar kein gleiches und gemeinsames) an Produktionsmitteln besitzt.

Daß es Abstufungen gibt, Menschen, die nicht von Lohnarbeit leben, kleine Selbständige etc., ändert nichts am Kern dieser Unterscheidung.

Die Ideologie der Gleichheit täuscht vor, daß der, der die Ware Arbeitskraft verkaufen muß, dem gleich ist, der die Ware Arbeitskraft zurückstoßen kann oder kaufen und sogar ihren Preis noch bestimmen kann. Die Spaltung der Menschen in Klassen wird sich – jenseits allen Scheins – noch verschärfen, wie wir am Beispiel der Gentechnik sehen werden.

Die persönlichen und erblichen Privilegien des Adels wurden durch das bürgerliche Vorrecht des Besitzes von Kapital und Produktionsmitteln ersetzt.

In der Französischen Revolution von 1789 verbreitete sich der Begriff »Gleichheit« *(égalité)* explosionsartig. Die nur in bestimmten Logen verbreitete Formel *»liberté, égalité, fraternité«* wurde zur zentralen Parole. Bis etwa 1790 ging der Kampf aller bürgerlichen Fraktionen um die »rechtliche und staatsbürgerliche Gleichheit« (beispielsweise Aufhebung der Standestrennung), dann um die politische Gleichheit (zum Beispiel das gleiche Wahlrecht), eine zentrale Forderung des mittleren und Kleinbürgertums, was in der Verfassung von 1793 seinen Ausdruck fand.

Die Gleichheit als soziale Gleichheit hatte keine Chance. Es sind »jeweils bestimmte soziale Schichten des Bürgertums (...), die einen der Gleichheitsbegriffe politisch vertreten«, es zeige sich »schließlich, daß mit dem Begriff der ökonomischen Gleichheit die

Grenze der vom Bürgertum vertretenen Gleichheitsforderungen erreicht ist.«[24] Immer.

Es blieb an Gleichheit, was die materiellen Grundlagen des besitzenden Bürgertums nicht gefährdete: Diese Gleichheit, welche die wesentliche Gleichheit von arm und reich beläßt, ist »Gleichheit innerhalb der Grenzen der grundlegenden, bestehenden Ungleichheit –, was kurz gesagt, nichts anderes bedeutet als der Ungleichheit den Namen Gleichheit zu geben«, schreibt Friedrich Engels in den *Deutschen Zuständen.*[25]

Für Kant war der Mensch abstrakt unbeschränkt gleich als vernünftig-sittliches Wesen, das sich dank seines autonomen Vernunftwillens, seiner Vernunftbegabung von der restlichen Natur, unabhängig von natürlichen menschlichen Differenzen, wesentlich unterscheidet. Mit *sozialer* Gleichheit hat dies alles nichts zu tun. In bezug auf Eigentum und Produktionsmittel war auch für Kant der Lohnabhängige dem Eigentümer von Kapital nicht gleichzustellen. Es ging immer noch um die Empörung des mächtiger werdenden Bürgertums gegen Adel und seine Privilegien. Ich will hier nicht diskutieren, inwieweit die Kantsche Auffassung beispielsweise Menschen im Koma, also solchen, deren Vernunft ›stillgelegt‹ ist, das Menschen- und Lebensrecht abspricht.

Kant wollte auch nichts von einer politischen Gleichberechtigung der Lohnarbeiter wissen. Und wie beschränkt seine Auffassung von der Gleichheit des Menschen tatsächlich war, verrät er 1798 in der *Anthropologie in pragmatischer Hinsicht,* wenn er vor der »Vermischung von Stämmen« warnt, weil er von unterschiedlichem Wert sogenannter menschlicher »Rassen« ausgeht.[26] Zur Neuauflage dieser Diskussion in einem Teil der Linken später.

Ob Calvinismus, bürgerliche Ideologien aller Schattierungen (und darin auch Abarten wie die Esoterik): Wer in seinem Erwerbs-

24 Otto Brunner/Werner Conze/Reinhart Koselleck (Hg.), *Geschichtliche Grundbegriffe, Historisches Lexikon zur politisch-sozialen Sprache in Deutschland.* Stuttgart 1975, S. 997ff., darin auch S. 1014ff.

25 Friedrich Engels, *Deutsche Zustände,* MEW 2, S. 579

26 Vgl. Heiner Möller, *Die Unschuld der Begriffe,* in: Konkret 10/1993, S. 53f.

leben Erfolg hat, sich gegen andere mit Ehrgeiz und Ellenbogen durchgesetzt hat, hat sich – in den Augen des staunenden Publikums – den sozialen Vorsprung vor den anderen ›verdient‹. Wer sich durchsetzt, hat recht. Wer beim Kampf um Geld und Macht am Boden bleibt, ist selbst schuld. Erfolg als oberster gesellschaftlicher Wert legimitiert, daß es Opfer geben muß.

Typisch für die Ideologie, die in der Schule in uns hineingestopft wird, ist die verschleierte Sprache der meisten bürgerlichen Philosophen. Wir lernten die Ideale Freiheit und Gleichheit wie einen vagen Mythos kennen, wie von jedem Bezug zur Realität gelöste Träume, über allen Wolken schwebende Ideale. Die Menschen sollen hineinprojizieren, was sie sich von ›ihrer‹ Freiheit und ihrer ›Gleichheit‹ – möglichst im Jenseits – erträumen. Freiheit wird zur Freizeit kleingehackt, zur Flucht aus entfremdeter Arbeitsrealität in bezahlbare Freizeit- und Erlebniswelten zerlegt und in die zahlreichen Spielarten des Massenkonsums, die frei nach Kontostand und Geschmack Individualität, Freiheit und Gleichheit vortäuschen.

Ein so massenhaft positiv empfundener Wert verschafft denen, die ihn besitzen, weil sie den Grad seiner Einlösung in der Wirklichkeit bestimmen, hohe Legitimation. Indem sie die Lüge realexistierender Gleichheit und Freiheit wie einen Schild vor sich hertragen, kämpfen sie gegen alle, die diese Gesellschaft ändern wollen.

Sie meinen nicht die Freiheit des einzelnen, ein vollständiger, entfalteter Mensch zu sein, den niemand psychisch oder physisch unterdrücken darf. Sie meinen nicht die Chance auf gesellschaftliche Verhältnisse, in denen all die Potentiale der Menschen zum gegenseitigen Nutzen und zum selbstbestimmten Vergnügen gefördert würden. Eine Gesellschaft, in der die Kollektivität nicht Unterwerfung von Individualität bedeutete und Individualität nicht Konkurrenz und Egoismus. Die GegnerInnen der sozialen Gleichheit brauchen ein Abziehbild von Freiheit für die Durchsetzung ihrer Interessen, *ihrer* eigenen, ganz spezifischen Gleich- und Freiheiten, die immer die Gleichheit und Freiheit aller zerstören.

Ähnlich funktioniert die Propaganda mit den Menschenrechten im allgemeinen: Es sind stets nur die Regeln im Interesse der besitzenden Bürger gemeint, nie auch *soziale* Menschenrechte, wie

Freiheit von Hunger und Unterdrückung, wie Gesundheit, wie das gemeinschaftliche Eigentum an Produktionsmitteln, so etwa der (gemeinsame) Landbesitz millionenfach vertriebener KleinbauerInnen und TagelöhnerInnen in allen Teilen der Welt, da seien Daimler und Mitsubishi, Siemens und VW, Time Warner und all die anderen Räuber unserer Möglichkeiten davor.

Mit Hilfe der Medien wird das Verständnis von Freiheit, Gleichheit, Demokratie und von Menschenrechten ausgehöhlt wie ein verfaulter Baum und anschließend von den Herrschenden mit ihrem Interesse vollgestopft. »Freier Markt« ist nur ein anderer Ausdruck für das Recht auf Naturvernichtung und Völkermord, »Menschenrechte« meint deutsche Kriegsschiffe nach Indonesien zum Abschlachten von Menschen in Osttimor; »Demokratie« ist identifiziert mit dieser mörderischen herrschenden Ordnung; und schließlich »Gleichheit«!

Die meisten Nichtbesitzenden dulden oder übernehmen die Interpretationen zum eigenen Nachteil. Der Mythos, es herrsche eine bürgerliche Demokratie und die bedeute ein humanes Leben, funktioniert. Dabei helfen ein paar politische Grenzen, mickrige Schutzzäune: Heute können die Besitzlosen zum Beispiel noch nicht – zumindestens nicht innerhalb Europas – als »von Natur aus« unfrei denunziert werden. Die »von Natur aus« zu versklavenden Menschen sind noch vorwiegend in anderen Teilen der Welt zu finden. Allerdings nagt die Ideologie der Gentechnik, die Bioethik, selbst an diesem niedrigen Maßstab.

Nur die Freiheiten, die das Bürgertum dem Adel abrang und auf die es besonders erpicht war, wurden konkret formuliert: die Abschaffung der monarchistischen Zensur, gleiches Wahlrecht, Handels- und Zollfreiheit, Pressefreiheit usw. Aber selbst diese konkreten bürgerlichen Rechte passen in die kleinste Schublade. Wie frei ist beispielsweise die bürgerliche Pressefreiheit? Wie absurd ist das – trotzdem zu verteidigende Recht! – auf freie Meinung eines Jounalisten, wenn ihn der Eigentümer des Mediums jederzeit entlassen kann? Und haben die Besitzlosen eine vergleichbare Chance, ihre Meinung zu verbreiten? Wie wenig – ganz bürgerlich-beschränkte – Pressefreiheit gibt es angesichts der weltweiten Zentralisierung der Medien? Angesichts des Privatbesitzes an der veröffentlichten als der herrschenden Meinung?

»Die Gedanken der herrschenden Klasse sind in jeder Epoche die herrschenden Gedanken, d. h. die Klasse, welche die herrschende materielle Macht der Gesellschaft ist, ist zugleich ihre herrschende geistige Macht. Die Klasse, die die Mittel zur materiellen Produktion zu ihrer Verfügung hat, disponiert damit zugleich über die Mittel zur geistigen Produktion, so daß ihr damit zugleich im Durchschnitt die Gedanken derer, denen die Mittel zur geistigen Produktion abgehen, unterworfen sind.«[27] Am Wahrheitsgehalt dieser fast 150 Jahre alten Äußerung von Karl Marx und Friedrich Engels hat sich nichts geändert.

In den real existierenden Medien ist die linke Meinung, sofern sie sich nicht wenigstens an der SPD orientiert, zu 99,97 Prozent ausgegrenzt. Ein offenes Verbot ist nicht notwendig, die Zensur funktioniert auch so. Die real lächerliche Distanz zwischen den beiden großen bürgerlichen Kapital-Parteien CDU und SPD wird dann unverschämterweise zur Meinungsvielfalt, zum großen, zum wesentlichen politischen Unterschied aufgespielt. Dabei hilft die Dummheit eines Teils der Linken, die die Anlehnung an Mystifikationen brauchen, wie die, die SPD sei noch immer eine Partei der Arbeiterbewegung, und wer weiß, eines Tages . . .

Dem nationalbornierten, vaterländischen Mehrheitsflügel der ArbeiterInnenbewegung waren grenzüberschreitende, internationalistische soziale Positionen seit Gründung stets gleichgültig. Der schließlich offene Wandel der SPD zur Kapitalpartei, schon vor dem Godesberger Programm, wurde von ihm geleugnet oder übersehen. Das bedeutet, sie können sich zwischen dem Vorwurf der Dummheit und sozialer Ignoranz entscheiden. Für die spezifische Klientel der SPD ist es notwendig, die SPD als die sozialere der beiden großen bürgerlichen Parteien zu verkaufen. Ein Propagandaargument, das sich bei Analyse der Räume und Zeiten, in denen die Sozialdemokratie in der »Verantwortung« war oder ist und bei

27 Karl Marx und Friedrich Engels, *Deutsche Ideologie, I, Feuerbach,* MEW 3, S. 46

gleichzeitigem Einschalten des politischen Verstandes sofort als bar jeder Substanz entlarvt.

In den Wahlkämpfen von 1994 wurde uns wieder und wieder vorgegaukelt, der Unterschied zwischen dickem Saumagen und radfahrender Armani-Brille habe etwa für das Verhältnis zum Trikont, dem unterentwickelt gehaltenen Teil der Welt in Asien, Lateinamerika und Afrika, eine gewaltige Bedeutung. Ist die konzernfreundliche Entwicklungspolitik unter der damaligen SPD/FDP-Bundesregierung schon vergessen? Wie viele Todesschwadrone wurden in jener Zeit in aller Welt durch deutsche Polizei aufgerüstet, während ab und an auch mal ein Brotbackofen für Nicaragua abfiel?

Was für eine auf Geschichtsblindheit spekulierende Frechheit ist diese große Unterscheidung zwischen CDU und SPD angesichts der vielen linken Positionen, Analysen, des anderen Verständnisses von Kultur, von Utopie, das sich in den herrschenden Medien nicht artikulieren darf. Zwischen CDU und SPD ist »Gleichheit« als politische Ähnlichkeit zweier Kapitalparteien hundertmal mehr verwirklicht als zwischen den Menschen. Sie sind sich im Prinzip einig: Internationale ›Wettbewerbsfähigkeit‹ – also gnadenlose kapitalistische Konkurrenz – vorwiegend zu Lasten der Menschen im Trikont, Kampfeinsätze für deutsche Herrschaftsinteressen, deutschnationale Identität in der europäischen ›Kernnation‹ Europa; Kampf gegen linke Opposition in Gestalt eines hochgerüsteten, demokratiebefreiten ›Sicherheitsstaates‹, dem dient Desinformationspolitik und ein dubioses Verständnis von »organisierter Kriminalität« in einem politischen System legalisierter Kriminalität.

Die Ausgrenzung linker Positionen aus halblinken, nichtherrschenden Organen rotgrüner Regierungsgelüste will ich hier nur am Rande erwähnen. Die heimliche und offene Anpassung an die herrschende Meinung wird von den meisten JournalistInnen als vernünftige, differenzierte Position idealisiert. Das macht sie selbst und diese Gesellschaft nur noch dümmer, aber nicht weniger gefährlich für jedwede humane Konzeption.

Schon während der Französischen Revolution, wie auch danach in allen Kämpfen, maßte sich das Proletariat, die IndustriearbeiterInnen, die kleinen Handwerker, die LandarbeiterInnen an, die Kampfparole »Gleichheit für alle« auch für sich selbst ernst zu nehmen. In der begrenzten Zeit, in der das Bürgertum für seine Zeit revolutionär war, schienen die Interessen der Unterdrückten und die der neu aufkommenden herrschenden Klasse, die sich gegen die alte herrschende Klasse emanzipierte, übereinzustimmen. Es entstand das bis heute nicht auszurottende Mißverständnis, der Bürger habe in seinen Revolutionen, ob 1789 oder 1848, für eine wirkliche Gleichheit *aller* Menschen gekämpft.

Rund 90 Jahre nach der Französischen Revolution war die Pariser Commune von 1871 der bis dahin eindrucksvollste Versuch, individuelle und gesellschaftliche Emanzipation, die soziale Gleichheit einschließt, zu erkämpfen.[28] Da erhoben sich die »kleinen« Leute von Paris und beanspruchten nicht mehr und doch so viel, als endlich ihre eigenen Angelegenheiten zu regeln. Die Commune von Paris war nach wenigen Wochen schon nicht mehr bürgerlicher Staat, sondern eine, in den wenigen Wochen, die ihr blieben, unglaubliche soziale, basisdemokratische Revolution auf dem Weg zu einer anderen Gesellschaft.

»An die Stelle der alten bürgerlichen Gesellschaft mit ihren Klassen und Klassengegensätzen tritt eine Assoziation, worin die freie Entwicklung eines jeden die Bedingung für die freie Entwicklung aller ist«[29], schrieben Marx und Engels im Kommunistischen Manifest. In der kurzen Geschichte der Menschheit war die Pariser Commune der direkte Versuch, diesen Anspruch zur gesellschaftlichen Realität zu erheben. Ihr Kampf gegen Ausbeutung, für Selbstbestimmung, gegen Kriege, für individuelle Freiheiten, für erste Ansätze von Frauenemanzipation, gegen die Kirche und vor allem

28 Vgl.: Jutta Ditfurth, *Die Menschen sollen sich selbst regieren. Eine Reportage über die Pariser Kommune von 1871*, in: Lebe wild und gefährlich – Radikalökologische Perspektiven, Kiepenheuer & Witsch, Köln 1991, S. 13–41

29 Karl Marx/Friedrich Engels, *Manifest der Kommunistischen Partei*, 1848, MEW 4, S. 482

anderen für die Abschaffung von Klassen und der Herrschaft der einen Klasse über die andere, reizte die Herrschenden in Europa bis aufs Blut.

So paktierten am Ende des deutsch-französischen Krieges die französische Staatsmacht und Bismarcks Preußen gegen Paris, bis die Leichen der ermordeten KommunardInnen sich in den Straßen der Stadt zu Bergen stapelten. Während die französische Armee unter Ministerpräsident Thiers erschoß, wer nur irgendwie einen aufständischen Eindruck erweckte, prosteten sich deutsche Offiziere auf den Hügeln im Osten von Paris triumphierend zu: Ihr Geschäft, jeden Keim von Hoffnung auf soziale Befreiung zu ersäufen, wurde diesmal von anderen erledigt. Sie selbst würden spätestens 1914 und 1918/19 in Deutschland wieder zuschlagen können. Am Beginn Deutschlands, der deutschen Reichsgründung, stand so das Massaker von Paris von 1871. Das Niederschlagen der Commune blieb, gemeinsam mit Kolonialismus und Antisemitismus, mit zwei Weltkriegen, 13 Jahren Faschismus und andauernder Ausbeutung und Unterdrückung bis heute das Markenzeichen Deutschlands. Alles innerhalb von nur 123 Jahren.

Solange es Klassen gibt, herrscht eine Klasse über die andere. Diese Herrschaft schafft keiner ab, indem er die Existenz dieser Klassen leugnet, indem er oder sie etwa von »höchst differenzierten sozialen Schichten« schwätzt und auch noch vorgibt, diese seien *grundsätzlich* von unten nach oben durchlässig. Daß einige Leute nach »oben« durchkommen, stützt diese Logik und durchbricht sie nicht. Das soziale Lotto hilft die meisten bei der Stange zu halten, das ›Prinzip Hoffnung ohne Chance‹ befriedigt und trägt zur Auffrischung der herrschenden Milieus bei – was wäre zum Beispiel die Werbeindustrie ohne die Sprache der Subkulturen?

Für die gesellschaftliche Gleichheit der Menschen wäre die Abschaffung der Klassen die Voraussetzung und damit die Abschaffung der patriarchal-kapitalistischen Herrschaftsverhältnisse. Daran kann aber das Bürgertum, ob es sich »Mittelschicht« nennt oder »Citoyen«, nicht das geringste Interesse haben. Erst die Abschaffung der Klassen gewährt auch die Abschaffung der brutalen

Verhältnisse, in denen ein kleiner Teil der Menschheit Milliarden von Menschen auf dieser Erde ausbeutet, niederwirft, demütigt, ihrer Freiheit beraubt, versklavt, gefangennimmt, foltert, mordet – zumindest aber von solchen Verhältnissen zu eigenem Vorteil nutznießt. Dieses profitable Verhältnis geriete in Gefahr, genössen alle Menschen soziale Gleichheit. Woher sollte dann der Reichtum weniger kommen?

Die Parole von der »Freizügigkeit« der Menschen galt beispielsweise nur für Deutsche (DDR) und überschritt ihr politisches Haltbarkeitsdatum, als sie nicht mehr zum Mittel im Kampf gegen den Kommunismus taugte. Heute ist mit dieser Freiheit gemeint, sich – sofern nicht erwerbslos – ausbeuten zu lassen, vorschriftsgemäß zu konsumieren und gelegentlich nach Mallorca oder Kenia zu fliegen. Die winzige demokratische Freiheit »Freizügigkeit« schließt zum Beispiel das Recht Erwerbsloser nicht ein, zu leben, wo sie wollen: Wer nicht zwangsmobil (»freizügig«) ist, verliert den Anspruch auf Arbeitslosenunterstützung.

Mit Schußwaffen, Wärmebildgeräten, Polizeihunden, Abschiebeknästen und ihrer gelegentlichen Ermordung an Ort und Stelle beantwortet der staatliche »Sicherheits«apparat die Hoffnung des Flüchtlings, das Recht auf Freizügigkeit könne auch für ihn gelten.

Die soziale Gleichheit aller Menschen? Wir sind weiter von ihr entfernt denn je. Was ArbeiterInnenbewegung und neue soziale Bewegungen erkämpft hatten, wird zerschlagen. Jeder trübe kleine soziale Kompromiß wird zurückgeholt. Die Reallöhne werden mit jedem Tarifvertrag gesenkt. Beide Tarifparteien gebärden sich zufrieden, aber nur die Kapitalseite hat dazu Anlaß. Ungeschützte, ungesicherte Arbeitsverhältnisse erhielten ihren Stempel: legal. Arbeit darf privat vermittelt werden, ein weiteres Tor in die Schutzlosigkeit und Niedrigstlöhne. Die Arbeitszeit wird über verschiedene Tricks und Einfallstore ausgedehnt und flexibilisiert.

Mit Zwangsarbeit für SozialhilfeempfängerInnen versuchen Kommunen, egal ob unter CDU oder unter SPD/Grünen, ihre Finanzknappheit den Schwächsten aufzubürden. Im rotgrün regierten Frankfurt am Main wurden vorzugsweise solche SozialhilfeempfängerInnen zur Zwangsarbeit erpreßt, die sich gegen Amtsschikanen wehren. Die Demütigung ist wohlüberlegt geschlechtsspezifisch sortiert: Aufmüpfige Frauen dürfen im Morgengrauen Männerklos in Sportstadien putzen, Männer die Straßen der Stadt fegen. Bundesweit gibt es gegenwärtig schätzungsweise 50 000 Zwangsarbeitsverhältnisse. Bis es aufflog und die Pläne erst einmal storniert werden mußten, wollte die Stadt Leipzig 5000 Zwangsarbeitsverhältnisse schaffen und mit diesen auch niedrig bezahlte Tarifarbeitsplätze im Öffentlichen Dienst ersetzen.

Es müßte ›Artenschutz‹ für alle die sozialen Rechte gewährt werden, die von Menschen in nahezu 100 Jahren erkämpft wurden. Sie riskierten Hunger, Krankheit, Verfolgung, Gefängnis und Konzentrationslager, damit wenigstens ihre Kinder aus den Kohlegruben und von den Stahlöfen kamen und sie selbst nicht mehr als 40 Stunden, wenn auch immer intensiver, ausgebeutet werden konnten. Damit sie nicht hungerten, wenn sie krank wurden, wurde in langen Kämpfen die Lohnfortzahlung im Krankheitsfall durchgesetzt. Um sich gelegentlich geregelt zu wehren, brauchten sie ein Streikrecht. Zu ihrer Befriedung bekamen sie Mit- statt Selbstbestimmung. Statt Vergesellschaftung empfingen sie etwas Arbeitslosenunterstützung und einige Wochen Kündigungsschutz.

Der gesellschaftliche Reichtum ließe längst die Halbierung der Arbeitszeit zu. Aber ihre Verkürzung wird nun in auch von den Gewerkschaften gefeierten 4-Tage-Kompromissen aufgehoben. Die Tage werden länger, die Maschinenlaufzeiten und die Menschen flexibilisiert, den Bedürfnissen des Kapitals angepaßt.

Bald werden für viele Menschen in der Bundesrepublik zwei untertarifliche Arbeitsplätze lebensnotwendig sein. Sie werden sich täglich und andauernd wehren müssen, um gegen die Erniedrigungen durch staatliche Verwaltungen und die gnadenlose Konkurrenz des Arbeitsmarktes standzuhalten. Schon heute betreibt etwa die Stadt Frankfurt das »Ämtchen«. Das ist nicht etwa ein »Häuschen«, in dem Kinder lernen, sich mit der Sozialbürokratie herumzuschlagen, sondern eine Stelle, die unversicherte, untertariflich bezahlte Tagelöhnerarbeit vermittelt. Als halboffenes Frankfurter Geheimnis gilt, daß die Menschen, die sich dort für 8 oder 9 DM Stundenlohn ungeschützte, unversicherte Arbeitsplätze beschaffen müssen, dann mehr Glück haben, wenn sie einen Zehnmarkschein, versteckt in einer *Bild*-Zeitung über den Tisch des öffentlichen Arbeitsmaklers schieben, so berichten Betroffene. In der Nähe ist der sogenannte Polenmarkt, diese Menschen sind schon für 5 DM zu kriegen. Die Armen werden gegeneinander ausgespielt.

Überall entlasten sich Teile auch der alternativen, sich ökologisch fühlenden Mittelschicht von der eigenen wachsenden finanziellen Belastung, indem sie sich noch eine Teilklasse unter sich schaffen: Kolonnen von polnischen Leiharbeitern sanieren Häuser und Wohnungen, helfen bei der Ernte auch biodynamischer Lebensmittel und schwarzarbeiten in Läden, Restaurants und Werkstätten. Die Tritte, die Mittelschichtsangehörige von oben abkriegen, geben sie nach unten weiter, anstatt sich zu wehren und soziale Interessen zu vertreten, nicht nur ihre eigenen, egozentrischen.

Wenn die Unterdrückten und Erniedrigten es nicht mehr ertragen und ausrasten, dann wird Bürger Enzensberger über ihren »Aggregatzustand« jammern und all die furchtbare Gewalt beklagen, deren Voraussetzung er mitverantwortet, indem er die strukturelle Gewalt der bürgerlichen Gesellschaft – wie der soeben gestorbene Karl Popper – für das Maß aller Dinge hält. Rund zwei Millionen Menschen in der BRD sind 1994 obdachlos oder schweben am Rand der Obdachlosigkeit. Von der »wirtschaftlichen Krise«, wie sie TäterInnen und Opfer heute nennen – und damit völlig Verschiedenes meinen –, wird erwartet, daß sie wieder verschwindet. Wenn sie in eine andere Krise übergegangen sein wird, könnte restlos geschliffen sein, was den meisten Menschen ein wenig Schutz versprach.

Auf eine »liberale Öffentlichkeit«, die wenigstens – solange sie sich selbst wohl und nicht bedroht fühlte –, mitleidig bei Reförmchen half, ist kein Verlaß. In der Gentechnikforschung wird der nicht ausgelacht, der ›erforscht‹, ob Armut nicht genetisch bedingt sei. In den Sozialwissenschaften definiert die »dynamische Armutsforschung« soziales Elend zur korrigierbaren, individuellen Fehlentscheidung. Auch darüber dringt die Bioethik in die feinsten Fasern dieser Gesellschaft und schleppt mit sich die Eugenik und die vollständige Biologisierung der sozialen Frage.

Die Ideologie der »Risikogesellschaft« lief auf nichts anderes hinaus, als dieses soziale Todesurteil vorzubereiten: Es ist eben ein Risiko, in dieser Gesellschaft zu leben. Jeder ist selbst schuld. Mensch muß nur Leistung bringen wollen, dann ... Inzwischen hat die Gewerkschaft ÖTV auf ihrem Gewerkschaftstag im September 1994 dem Leistungslohn zugestimmt.

Entrüstet beobachten der Bürger und die Bürgerin die vielen gescheiterten Existenzen. Können es nicht alle machen wie sie? Helfen hat keinen Zweck. Das mindert die Selbstheilungskräfte, auf die ein Gesellschaftssystem von Wettbewerb, Leistung und Konkurrenz vertrauen muß. Jeder Bettler, jede Bettlerin muß auf Befragen eine gut erfundene tragische Lebensgeschichte erzählen. Sie müssen optisch einen Gegenwert für die Spende bringen, frei sein von Drogen, Alkoholismus, Schmutz, Wunden. Der Gebende will sein hart ›verdientes‹ Geld doch nicht in die Hüte Unwürdiger werfen.

Wer keinen Erwerb hat, von dem er oder sie leben kann, wer sich auch nicht unbegrenzt in Arbeitsförderungsmaßnahmen statistikgerecht verstecken läßt, wird die vielfältig aufblühenden Zwangsarbeits- und Niedrigsttarifverhältnisse kennenlernen. Darf sozial, kulturell oder ökologisch Nützliches tun, darf zur weiteren Arbeitsplatzvernichtung beitragen, billig, ungeschützt, ohne Perspektive. Für ›Umweltschutz‹, zumindest in der technokratischen Variante, sind ›wir‹ ja schließlich alle.

Der Mensch wird entwertet, das Bürgertum brutalisiert sich. Das Bürgertum, wie wir es kannten und nicht liebten, tritt in eine neue Phase. Das geschieht nicht einfach irgendwie in den Köpfen der Menschen, sondern als Folge sich verändernder Kapitalinteressen. Wie die bürgerlichen Revolutionen ein Ausdruck ökonomischer Veränderungen waren – vom Handwerksbetrieb über die Manufaktur zur industriellen Produktion – so ist auch die Brutalisierung großer Teile des Bürgertums heute ein kompliziertes Produkt umwerfender ökonomischer Veränderungen. Die Verwertungsbedingungen des Kapitals verändern sich. Veränderte sowie neue Ressourcen locken mit noch mehr Profit.

Informations- und Kommunikationstechnologien verändern das Verhältnis von Zeit und Region. Während in den kapitalistischen Staaten die Zentren in Höchstgeschwindigkeiten verbunden werden – stofflich sowie im Austausch von Informationen –, werden in den gleichen Staaten, aber vor allem in großen Teilen des Trikont und in Osteuropa, weite Teile der Welt und die in ihnen lebenden Menschen abgehängt. Das weltweit vagabundierende Finanzkapital befreit sich scheinbar von seinen Produktions»fesseln«.

Während diese wirtschaftliche Entwicklung bei den Besitzenden Raffgier und neuen Rausch auslöst, wird eine Mehrheit der Menschen nicht einmal mehr gebraucht, um sich ausbeuten zu lassen, allenfalls bleibt ihnen ein Wert als biologisches Material. Als soziale Wesen werden Menschen überflüssig. Diese Menschen werden in eine Situation geraten, in der sie in so geringem Maß anspruchsberechtigter Teil der Gesellschaft sein werden, daß niemand auf die Idee käme, ihnen stünde soziale Gleichheit zu.

Seit ihrer Eroberung (»Entdeckung«) durch Europa hing die Bedeutung Amerikas, Asiens, Afrikas sowie Australiens für die Kolonialmächte von ihrem Reichtum an Rohstoffen und Menschen ab. Lagen Rohstoffe und Arbeitskräfte weit voneinander entfernt, etwa weil die Bevölkerungen am Ort der natürlichen Ressourcen zuvor massakriert worden waren – wie vielerorts die UreinwohnerInnen in Nord- und Zentralamerika –, wurden Menschen aus anderen unterjochten Regionen geraubt und versklavt: schätzungsweise 150 Millionen Menschen aus Afrika.

Wenn nun die Rohstoffe mehr und mehr allein mit relativ billigen Maschinen abgebaut werden können und sogar begonnen wird, natürliche Rohstoffe durch synthetische zu ersetzen, verlieren die Menschen, die ihre Arbeitskraft nicht mehr verkaufen können, an ökonomischer Bedeutung. Sie werden wertlos. Früher konnten sie wenigstens Druck machen, sich hier und da sogar organisieren, um sich gegen elende Arbeitsbedingungen zu wehren. Heute haben sie dann kein Druckmittel mehr in der Hand, wenn sich für das Kapital nicht einmal mehr ihre Ausbeutung lohnt.

Wenn diese Loslösung des Kapitals aus unterworfenen Regionen viele Menschen betrifft, fehlt auch die Chance, daß ein Kollektiv noch beschäftigter Menschen, etwa die Bauern und Bäuerinnen einer Gegend, BergarbeiterInnen oder das Industrieproletariat, die Verbesserung der Lebensbedingungen für alle durchsetzt. Am schlimmsten wird es sein, wenn jede soziale Utopie, jede politische Alternative diskreditiert wäre und die Menschen verinnerlicht hätten, daß sie überflüssig und damit im Kapitalismus wertlos sind.

Auch die Bedingungen des Kampfes ändern sich: Wenn Streiks, Blockaden, Besetzungen in einer Region oder gar in größeren Teilen der Welt usw. nichts mehr taugen, wenn eine soziale Revolution nicht den alten Gegner, das Kapital mehr vorfindet – sondern vielleicht nur die herrschenden Oligarchien –, weil der sich in profitablere Regionen oder ebensolche Branchen verzogen hat, wie sieht dann sozialer Widerstand aus?

Zurück blieben heruntergewirtschaftete Fabriken für Produkte, die vor Ort nichts nützen und auf dem Weltmarkt nicht (mehr) zu tauschen sind, weil ihr Kurs im Keller liegt.

Zurück bleiben durch Strukturanpassungsmaßnahmen der Weltbank zerschlagene soziale Strukturen.

Zurück bleiben verkarstete, durch exportorientierte Monokulturen vergiftete Flächen, auf denen sich romantische Träume von lokaler Autarkie und Weltmarktunabhängigkeit erst mal schnell verflüchtigen. Die Verschleuderung letzter Rohstoffe zur Schuldendeckung oder auch nur zur zeitweisen Ernährung seiner Leute wird manch einem Land den Rest geben.

Selbstbestimmte Entwicklung? Soziale Gleichheit? Lächerliche Träume.

In Vorwegnahme solcher Entwicklung stehen Positionen wie Enzensbergers, wenn er sich über den Universalismus der Menschenrechte verächtlich äußert. Diese Fahne halten die politischen Vertreter des Kapitals nur noch da hoch, wo sie noch nicht eingedrungen sind, sich noch nicht durchgesetzt haben, und sofern sie eine Legitimation für die geplante Ausbeutung von Mensch und Natur brauchen. Es besteht viel Bedarf an herrschaftsstabilisierenden Zynikern wie Karl R. Popper: ». . . der Versuch, den Himmel auf Erden einzurichten, produziert stets die Hölle. Dieser Versuch führt zu religiösen Kriegen und zur Rettung der Seelen durch die Inquisition.«[30]

Soziale Revolutionen sind länger anhaltende Emanzipationsprozesse, nicht bloß kurze Putsche. Die Bedingungen für soziale Revolutionen – und wie wäre soziale Gleichheit in dieser Welt anders durchzusetzen? – verschlechtern sich auch anderweitig. ArbeiterInnen, die sich einer anwachsenden Masse von »Überflüssigen« gegenübersehen, werden das Gefühl verlieren, ausgebeutet zu sein. Sie könnten sich den Ausgestoßenen gegenüber zu Recht privilegiert fühlen. Damit verlören sie ihre Eigenschaft, *Subjekt* gesellschaftlicher Veränderungen zu sein. Sie könnten zu bornierten GegnerInnen jeder Form des Widerstandes werden, weil sie unter sich den Abgrund ahnen und mehr denn je fürchten, hinunterzustürzen. Ihre Gegnerschaft aus Angst macht sie zu Soldaten der anderen Seite.

Die Frage bleibt, ob in den Trikontregionen, die auf diese Weise »verlassen« werden, das Kapital von den Menschen überhaupt noch als eigentlicher Gegner empfunden wird?

Die Erinnerung läßt nach, sofern das Bewußtsein je massenhaft da war. Das Kapital scheint doch aktiv nur an anderen Orten zu agieren. Wer ist schuld an unerträglichen Lebensverhältnissen, so könnten sich die betroffenen Menschen fragen, örtliche Oligarchien? Götter? Andersgläubige NachbarInnen? Das Schicksal? JedeR selbst?

Parallel dazu könnten ökonomische Mischformen das Normale sein: Profitable Rohstoffe werden weiterhin ausgebeutet. Hier und dort, wo billige Arbeitskräfte leben, siedeln Konzerne Produktionsstätten an. Und es entstünden Stätten, an denen der Mensch selbst nicht nur als Arbeitskraft sondern als *biologische Ressource* im Angebot wäre: seine Geschlechtszellen, seine Gene, Organe und biologische Funktionen aller Art. Sextourismus und Organhandel sind heute die widerwärtigen, aber noch gänzlich unsystematischen Vorboten.

30 Karl Popper, in: *Der Spiegel*, 13/1992

Hinter der lebensgefährlichen Hetze gegen »Bevölkerungsexplosionen« oder »Überbevölkerungen« verbirgt sich nichts als die einfache Tatsache, daß für die Erwirtschaftung des Reichtums weniger Menschen dank der Entwicklung der Produktivkräfte immer weniger (andere) Menschen gebraucht werden. Nicht einige wenige *weniger*, sondern drastisch ansteigende Zahlen von Menschen werden in diesem Sinn überzählig – unabhängig von jeglichem Bevölkerungswachstum.

Mit Sorge um die Chancen dieser als »zuviel« tödlich diskriminierten und bedrohten Menschen hat die gegenwärtige Diskussion nichts zu tun. Viel jedoch mit rassistischer Gewalt. Wer immer allen Ernstes die Frage stellt: »Wieviel Menschen verträgt die Erde?« hat eine einfache Lösung: Er oder sie kann sich selbst töten. Aber der oder die Fragende sieht sich selbst nie als »zuviel« an und selten sind es die Angehörigen seiner Klasse und Hautfarbe. Und auch ›das deutsche Volk‹ (was immer das sein mag) stirbt angeblich wieder mal aus. Das wäre die richtige Frage: »Wieviel Kapitalismus verträgt die Erde?« Statt dessen fragt z. B. die *Zeit* wieder einmal: »Wird der Mensch zur Plage?«[31] Welche Menschen werden welchen Menschen warum zur Plage? Für die einen sind es die, die die Welt zerstören. Für die anderen sind es die Menschen, die für das Kapital überflüssig geworden sind.

Ginge es um Selbstbestimmung, Gesundheit und Glück aller Menschen, bräuchte niemand zu rätseln, wie es denn wohl zu schaffen sein könnte, daß nur noch die Kinder auf die Welt kämen, die wirklich erwünscht sind, die weder als Weiblichkeitsnachweis noch als Arbeitskräfte oder Kanonenfutter, für kein nationales Prestige, nicht als Alterssicherung, weder Regierungen noch Religionen zu Gefallen geboren werden.

Die Gentechnik, befürwortet oder unterschätzt von fast allen MeinungsmacherInnen im Land, ist dabei, die Produktion in fast allen Bereichen zu beeinflussen, viele von ihnen zu revolutionieren.

31 *Zeitpunkte, Weltbevölkerung. Wird der Mensch zur Plage?* Sonderheft der *ZEIT*, Nr. 4/1994 (September)

Sie verändert die Zusammensetzung der Werkstoffe und damit die Produktionsabläufe von der Rohstoffbeschaffung bis zum Endprodukt, sie verändert Nahrung, medizinische Versorgung, den Umgang mit der Natur und vor allem das Bild des Menschen in unseren Köpfen durch eine bisher nicht dagewesene, neue genetische Determination des Menschen und seine in absehbarer Zeit mögliche synthetische (Re)Konstruktion.

Die Idee, den Menschen zu züchten, ist vielleicht 2000 Jahre alt. Herrschende hatten daran immer ein Interesse. Die Idee war so lange politisch kaum wirksam, bis die technologische Entwicklung reif war. Heute erscheint die Menschenzucht als realistisches Projekt. Der aus dem Darwinismus entwickelte Sozialdarwinismus thematisierte die Absicht, die »natürliche Auslese« des Menschen sozial zu steuern. Mit der Eugenik, in Deutschland »Rassenhygiene«, wurde die Ideologie entwickelt, den Menschen einerseits nach seinen (behaupteten) Erbanlagen zu qualifizieren, in »minder- und hochwertiges Leben« zu sortieren, und, zur Verbesserung des menschlichen Genpools, züchtend in die Erbanlagen des Menschen einzugreifen.

Mit dem Faschismus in Deutschland demonstrierte die Eugenik auf Kosten von Millionen ermordeter Menschen, welches Bild vom Menschen sie hat: die vollständige Zerstörung der Individualität, ihre Ersetzung durch ein extrem hierarchisches Menschenbild, eine Ordnung nach unterlegenem und überlegenem Menschenmaterial, die vollkommene Auslieferung des Menschen, seiner sozialen wie seiner biologischen Seite, an die herrschende Klasse.

Unbeirrt von diesem ›Ballast‹ tobten ganze Cliquen von NobelpreisträgerInnen der Gentechnologie noch bis in die 60er Jahre ihre Wahnvorstellungen vom Menschen auf internationalen Kongressen öffentlich aus.[32] Sie empfahlen, Menschen grundsätzlich unfruchtbar zu machen und ihre Fortpflanzungsfähigkeit erst nach genetischer Kontrolle durch Staat und Wissenschaft wieder herzu-

32 Vgl. Jutta Ditfurth, *Feuer in die Herzen – Plädoyer für eine ökologische linke Opposition*, Econ Verlag, stark erweiterte und aktualisierte Neuausgabe, Düsseldorf 1994, S. 29, 30, 47, 105

stellen. Sie schwadronierten über Züchtungen aus Tieren und Menschen (Chimären), die jenseits aller sozialen Schranken (beispielsweise Sozial- oder Arbeitsrecht) für besonders niedrige Arbeit eingesetzt werden könnten.

Der Mensch mit all seinen Widersprüchen erschien ihnen nur als mit Mühsal Beladener, dessen Bürde sie, die großartigen WissenschaftlerInnen, völlig uneigennützig durch gentechnische Manipulationen von seinen Schultern nehmen wollten. Der Mensch war ihnen nichts wert, nur Material für ihre nobelpreisträchtigen ›Forschungen‹, für Prestige und Geld.

Eine Zeitlang kollidierte das Interesse der MenschenzüchterInnen mit einer Art Ethik, die sich in Deutschland mit reichlicher Verspätung eingestellt hatte. Gestärkt von linken Bewegungen in aller Welt und ihrem emanzipatorischen Bild vom Menschen, galt es den meisten Menschen als völlig verabscheuenswert, gentechnisch am Menschen zu manipulieren. Es gab keine intensiven öffentlichen Debatten, aber, eine Zeitlang, ein recht stabiles Tabu, eine Art ethische Schutzmauer. Hätte es die heute schwer und viel zu spät anlaufende Debatte früher gegeben und gäbe es nicht soviel, auch linke, Ungläubigkeit, stünden wir besser da.

Um die störende Ethik mit ihrem vagen, bürgerlichen Bild von der Würde und der individuellen Einzigartigkeit des Menschen aus dem Weg zu räumen, wurde die *Bio*ethik erfunden. Sie soll in allen Bereichen der Gesellschaft abräumen, was es an humanen Resten noch gibt. Nachdem der Versuch der Biologie, Leitwissenschaft zu werden, historisch gescheitert war – der Kampf hat nun wieder begonnen –, verkroch sich die Eugenik hinter der Medizin. Ihr Thema, sagt die Propaganda, sei doch nur die Gesundheit des individuellen Menschen, nicht eines ›völkischen‹ Kollektivs. Der einzelne solle sich wohler fühlen, gesünder sein, keine Behinderungen haben, keinen Krebs bekommen, niemals hungern! Aber wer wachsam beobachtet, sieht: Hinter jedem Schritt schimmert der ganze Plan durch.

Die Gentechnologie ist praktisch ohne Computertechnologie nicht denkbar. Gene werden erfaßt, kartiert, selektiert, auf ihre kommerzielle Verwertbarkeit geprüft. Die Speicherkapazitäten und die Verarbeitungsgeschwindigkeiten der Computer in der Erfassung und Erforschung werden auch zur Automatisierung der Verarbeitung genutzt. Ein Heer von arbeitenden Menschen wird in die Erwerbslosigkeit entlassen.

Die Destruktivkraft Gentechnologie hilft dem Kapital, neue Profitquellen zu erschließen. Versprochen wird Gesundheit und die Beseitigung des Hungers. Der Preis liegt in einem völlig unkalkulierbaren, sich selbst vermehrenden Risiko. Es wird nicht nur in die Evolution, in die heutigen Naturbeziehungen durch gentechnische Manipulation eingegriffen. Es geht auch um eine brutale Selektion und um die Züchtung des Menschen nach den Verwertungsbedingungen des Kapitals und um die grenzenlose Manipulation menschlicher Gene mit dem Ziel der vollständigen Beseitigung heutigen Menschseins. Das soziale Wesen des Menschen wird getötet.

Die individuelle Schuld an Armut, genetisch festgelegt, sozialwissenschaftlich bestätigt, könnte auch die Ärmsten mürbe machen, sich gentechnischen Manipulationen nicht länger zu entziehen. Am Boden liegt das Ideal, daß alle Menschen gleich sind. Auch die kläglichen Fragmente solidarischer Systeme, die wir heute haben, werden fehlen. Der Mensch soll vollends auf sich zurückgeworfen werden. Verantwortung hieße dann für ihn nicht: sich zu entfalten und Mensch zu sein, sondern leistungsbereit zu sein, Untertan. Ausgewählte Exemplare hätten die ›Verantwortung‹ für die Produktion von nichtbehinderten, leistungsfähigen Nachkommen, bis ihnen auch dieser Auftrag, durch die Verlagerung der menschlichen Fortpflanzung aus dem menschlichen Körper heraus in die Verfügungsgewalt der GentechnikerInnen, entzogen würde.

Meine Phantasie reicht nicht aus, mir die ganze Dimension einer künftigen Gesellschaft vorzustellen, wenn sich dieser Prozeß ohne größeren Widerstand durchsetzen sollte. Einige Elemente zeichnen sich ab: Die weitaus meisten Menschen, sozial überflüssig, würden in einen Zustand geworfen werden, der tief unter dem des/der ausgebeuteten, entfremdeten LohnarbeiterIn läge. Ihre Lage garantierte ihnen nicht einmal die materielle Situation eines Sklaven, dem sein Eigentümer als einer zu erhaltenden, wertschaffenden

Sache wenigstens die Arbeitskraft zu erhalten bemüht sein muß. Ihre Körper, mit ihren Organen und biologischen Funktionen, werden Rohstofflager. Wer wird sie wie abbauen? Wie wird ihre Verteilung organisiert sein? Wie werden Gesellschaften sein, in denen dies alles möglich ist?

Im Gegensatz zur Meinung modischer Theoretiker wie z. B. Robert Kurz, für welchen der Kapitalismus praktischerweise ohnehin im Zusammenbruch befindlich ist, ist das Kapital überaus erfolgreich dabei, sich neue Verwertungsmöglichkeiten zu verschaffen: die Ausbeutung vorhandener Märkte zu intensivieren und neue Märkte zu erobern. Einer dieser neuen Märkte wird möglich durch die Gentechnologie.

Wenn wir mit Marx davon ausgehen, daß die beiden einzigen »Springquellen des Reichtums« in der menschlichen Arbeit und in der Natur liegen, gelingt es dem Kapital mit der Gentechnologie, diese beiden Quellen in einzigartiger Weise zu verknüpfen: Die *Natur des Menschen*, seine Gene, seine Zellen, seine Organe werden zur erweiterten Quelle für die Profitinteressen des Kapitals. Um diese Ressource auszubeuten, wird das *soziale* Wesen des Menschen nicht mehr gebraucht. Mit dem Foucaultschen Begriff der »Biomacht«, wie ihn einige Linke zur Zeit gern gebrauchen, wird dieser Prozeß gelegentlich jedoch völlig falsch benannt. Nicht die ›Biologie ist an der Macht‹. Das mag die Sichtweise von Linken sein, denen die *biologischen* Bedingungen menschlichen Lebens stets nur Anlaß zu denkfaulem Mißtrauen war und die einer Reduzierung des Menschseins auf einen Strukturalismus frönen.

Herrschaft ist eine soziale Kategorie, zu deren Stabilisierung und Erweiterung die Biologisierung des Sozialen entwickelt und benutzt wird. Damit wird biologisch/natürlich/ökologisch erklärt, daß Herrschaft und Unterdrückung, oben und unten biologisch/natürlich/ökologisch sind.

In rasender Geschwindigkeit zerlegen Maschinen das genetische Arsenal des Menschen. Die Programme der Computer sind menschengemacht. Diese Menschen sind VertreterInnen herrschender Wissenschaft und ihrer Ideologie von Machbarkeit und Wertfreiheit. Ganz »wertfrei« finanziert sie das Gentechnologiekapital. Menschliche Gene werden »gefunden«, kartiert, hierarchisiert, was sinnlos erscheint, wird als »Junk-Gen« mißachtet. Es zählt nur, was rasch kommerziell verwertbar ist. Das Geschäft mit dem Leben wird das größte Geschäft in der Geschichte der Menschheit.

Die GentechnokratInnen interessieren sich nicht für das Glück des Menschen, nicht für eine solidarische Gesellschaft, nicht für den Schutz der natürlichen Umwelt des Menschen. Das Geld und die Herrschaft über die Gentechnologie, ihre Ziele und Methoden, besitzt, wer die Welt soweit zerstört hat, so wie sie vor uns liegt: Chemiekonzerne, Mischkonzerne, Banken usw. Jetzt machen sie den nächsten Schritt zur Vernichtung dessen, was diese Welt für die Menschen sein könnte und was die Menschen füreinander sein könnten.

Wir leben mitten in diesem Prozeß. Aber er vollzieht sich hinter dem Rücken der meisten Menschen. Und er wird Schritt für Schritt irreversibel, unumkehrbar.

Menschliche Stoffwechselvorgänge werden patentiert. Die Gene aussterbender Bevölkerungsgruppen in Genbanken gesammelt und zum Patent angemeldet. Der Mensch wird zum Rohstofflager: innere Organe, Gewebe, Haut, Knochen, Nerven, Blut, Blutbestandteile, Eizellen, Sperma, embryonale und fetale Organe. Für möglichst frische menschliche Körperteile wurde der Tod umdefiniert: Erst vom Zusammenbruch des Herz- und Kreislaufsystems zum Hirntod. Schon hat die Diskussion über eine neue Definition von Tod begonnen: dem Teilhirntod.

Wenn es gelingt, das Gehirn früher für tot zu erklären, kann über den Körper, dieses profitable Rohstofflager, früher verfügt werden. Sobald aus der künstlichen Hirntoddefinition (die man vor rund zwanzig Jahren »erfand«, als mehr frische Organe für Transplantationen gebraucht wurden) eine *Teilhirn*toddefinition wird, hilft das, Mord noch weiter zu Beginn des Sterbens zu legalisieren.

Nicht nur seine Organe werden gebraucht, auch der Körper des Menschen wird zur biologischen Fabrik. Ein Patent zu besitzen bedeutet, das Recht auf private, kommerzielle Verfügung über eine Erfindung zu haben. Nun werden gentechnische Manipulationen von Säuge*tieren* zum Patent angemeldet, die schon die Voranmeldung für das Säugetier *Mensch* enthalten.

Beim Europäischen Patentamt in München liegt ein Antrag aus den USA, mit dem durch gentechnische Manipulationen der Brustdrüsen von Frauen ein pharmakologischer Wirkstoff produziert werden soll. Diese menschlichen ›dezentralen‹ und ›biologischen‹ Produktionsstätten werden vermutlich keine bürgerlichen Frauen aus den kapitalistischen Zentren in Europa und den USA sein. Frauen aus dem Trikont, der sogenannten Dritten Welt werden es sein oder aus Osteuropa. Nach dem Boden und der menschlichen Arbeitskraft sind nun die Körper vieler Menschen aus dem Trikont an der Reihe.

Aber auch tot taugt der Mensch als Rohstofflieferant. Eizellen von Embryonen oder toten Frauen für reproduktionstechnische Experimente und Menschenzüchtung werden weder natürliche noch politische Grenzen mehr kennen. Die »persönliche Würde« wurde »in den Tauschwert aufgelöst und an die Stelle der zahllosen verbrieften und wohlerworbenen Freiheiten die eine gewissenlose Handelsfreiheit gesetzt.« (Karl Marx und Friedrich Engels im *Kommunistischen Manifest*)[33]

Nur eine kleine Facette des sozialen Wesens Mensch wird in einer Übergangszeit gebraucht, gebraucht, um sich selbst abzuschaffen: Sein heute noch existierendes Bewußtsein über sich, über sein individuelles Menschsein, über seine sozialen Rechte, über seine bedrohten Freiheiten muß vernichtet werden. Er soll den Entwicklungen zustimmen, soweit er sie überhaupt begreift. Die GentechnokratInnen und ihr politischer Unterbau wollen schließlich keine sozialen Auseinandersetzungen.

Dafür wird die Bioethik gebraucht. Sie ist die passende Ideologie, um die Durchsetzung der Gentechnik abzusichern. Im Schlepptau der Gentechnologie kriecht sie zum Zwecke der Entwertung des Menschen heran. Sie nutzt die Vergangenheit und enthält die

33 Karl Marx/Friedrich Engels, *Manifest der Kommunistischen Partei*, MEW 4, S. 465

Euthanasie, sie reichert sich mit den Lehren der herrschenden naturwissenschaftlichen Ideologie an und findet einen von vielen Seitenwegen über die Verhaltensforschung, die sich als eine Vorhut neu in der Gesellschaft zu verbreiten beginnt. (Im Sommer 1994 ist z. B. das Modethema der Illustrierten und Magazine wie der elektronischen Medien die angebliche biologische Determination der menschlichen PartnerInnenwahl.)

Die Bioethik wird zur herrschenden Ideologie, die jeden gesellschaftlichen Bereich durchdringt.

Gnadenlos und mörderisch verwandelt sie auf Samtpfoten alles ins Unmenschliche, was sich ihrem entwerteten Bild des Menschen widersetzt.

Die im geheimen entstandene »Bioethik-Konvention« des Europarates trägt einen pathetischen Namen: »Entwurf eines Übereinkommens zum Schutz der Rechte und Würde der Menschen bei der Anwendung von Biologie und Medizin: Bioethik-Konvention«. Zur Beruhigung der 320 Millionen Menschen, deren Leben diese »Konvention« betrifft, haben die acht Autoren eine wohlklingende Präambel verfaßt. Darin steht: »*Eingedenk* der Allgemeinen Erklärung der Menschenrechte durch die Vollversammlung der Vereinten Nationen vom 10. Dezember 1948 (...) *Überzeugt* von der Notwendigkeit, den Menschen als Individuum und Mitglied der menschlichen Spezies zu respektieren, und in Anerkennung der Bedeutung, die dem Schutz der Menschenwürde zukommt, *in dem Bewußtsein* der Gefahren durch den Mißbrauch von Biologie und Medizin für die Menschenwürde, *in Bekräftigung*, daß Fortschritte in Biologie und Medizin dem Nutzen heutiger und zukünftiger Generationen dienen sollten, (...) *gewillt*, die Würde und Grundrechte des Menschen in bezug auf die Anwendung von Biologie und Medizin durch geeignete Maßnahmen zu schützen« (Hervorhebg. im Original).

Verlogenes Geschwätz! Was von Menschenrechten zu halten ist, wenn es um Bioethik geht, sagt der Heidelberger Theologe Dietrich Ritschl, der auf langjährige Erfahrung mit der Bioethik in den USA zurückblickt. Er schlußfolgert, daß »für unsere ethischen Überlegungen nichts Entscheidendes vom Rechtscharakter der Menschenrechte abhängt.«[34] Nachdem er zuvor die Menschenrechte auf ihre juristische Ausformung eingeschränkt hat, gibt er zu, daß auch diese äußerst begrenzten juristischen Menschenrechte von der Bioethik ignoriert werden. Das Büro für Technikfolgenabschätzung des US-Kongresses spricht nur noch nüchtern von einer »lockeren Anbindung« des geplanten Regelwerkes an die Europäische Menschenrechtskonvention.

Entgegen allem Präambelgeschwätz hilft die Bioethik beim direkten, kriegerischen Angriff auf die Individualität des Menschen und auf alle seine Menschenrechte. Die Bioethik ist Kriegspropaganda. Artikel 6 der menschenfeindlichen Konvention erlaubt beispielsweise gentechnische Experimente an *incapacitated persons*, die nach englischem Recht, das hier zugrunde gelegt werden muß, »Personen« sind, »die durch Geisteskrankheit, Geistesschwäche, körperliche Krankheit oder Behinderung, hohes Alter, Rauschgiftsucht, chronische Trunksucht oder aus einem anderen Grunde (mit Ausnahme von Minderjährigkeit) nicht ausreichend in der Lage sind, ihre Situation zu beurteilen und verantwortliche Entscheidungen über ihre Person zu treffen und mitzuteilen.«

Absatz 1 des Artikels 6 schränkt die Forschung an dieser Menschengruppe scheinbar ein. Sie ist nur erlaubt, wenn sie »dem unmittelbaren therapeutischen Nutzen des Probanden dient«. Wer sich je mit Arzneimittelexperimenten im bundesdeutschen Gesundheitswesen und dem angeblichen Schutz menschlicher Versuchskaninchen beschäftigt hat, vermag den Verdummungsgrad dieser Behauptung zu ermessen.

In der Konvention sind bereits Ausnahmen formuliert: Wenn zum Beispiel Risiko und Belastung für das Opfer »minimal« sind, wenn »übergeordnetes Interesse« vorliegt, wenn »keine andere (›gesunde‹) Personengruppe« zur Verfügung steht usw., darf an Menschen gentechnisch experimentiert werden. Zum Schutz ihrer Würde könnte es nützlich sein, die betroffenen Menschen zu isolie-

34 Internationale Initiative gegen die geplante Bioethik-Konvention und das europäische bioethische Netzwerk, *Das Ethos der Wissenschaft: Wo steht die Bioethik in Europa?*, 1994

ren. Es gibt eine Reihe historischer Einrichtungen, die sich bei dieser Aufgabenstellung geradezu anbieten, Hadamar beispielsweise.

Die Konvention erlaubt Gentests zum Zweck der Forschung (vom Gentechnikkapital finanziert, von seinem Interesse gesteuert). Die rassistischen Reihenuntersuchungen von Säuglingen in Mainz und Magdeburg sind ein Teil dieses Vorhabens: Augenabstände und die Zugehörigkeit zu einer »Rasse« sind dort heute schon Teil der Massenerfassung Neugeborener. Diese genetisch-rassistischen Testergebnisse dürfen weitergegeben werden. Die Bioethik ist längst die neue Rassenhygiene.

Die Konvention erlaubt auch den Eingriff in die menschlichen Gene, der Eingriff in die Keimbahn ist vorbereitet (»muß in einigen Jahren im Lichte der biomedizinischen Entwicklungen überdacht werden«). Die Konvention gestattet Experimente an Embryonen (dem Stand der Forschung entsprechend, vorläufig bis zum 14. Tag) und schließt deren kommerzielle Verwertung nicht aus. Der menschliche Körper wird – sobald hirntot – zur »herrenlosen« Sache, über dessen Zugriff und Verwertung sich verschiedene Verkäuferfraktionen zu streiten begonnen haben, denn das Geschäft mit den Organen wirft ungeheuren Profit ab.

Für die BioethikerInnen der EU wirft die Patentierung von menschlichem Gewebe »keine ethischen Probleme« auf. Verboten werden Techniken, die die »menschliche Würde unterminieren«. Wer definiert die »Würde« in einer kapitalistischen Gesellschaft, deren Zweck die restlose Vernutzung menschlicher Arbeitskraft und Kreativität ist? Noch wird die Zustimmung zur Patentierung von Menschen oder Teilen des menschlichen Körpers scheinbar verweigert. Aber die Schlupflöcher werden geweitet: Sobald menschliche Gene dem Menschen entnommen sind, sind sie z. B. nicht mehr Teil seines Körpers.

Wenn nur fünf Staaten, von denen nur vier EU-Staaten sein müssen (die EU hat 15 Mitgliedsstaaten), die Konvention ratifizieren, tritt sie in Kraft. Das British Medical Journal erklärt, weshalb die Konvention mit aller Gewalt durchgedrückt werden soll: ». . . knochenharte Wirtschaftsinteressen sind auch nicht weit entfernt. Nahezu 9 Prozent der Beschäftigung und der Bruttowertschöpfung entfallen in der Europäischen Union auf den Sektor Biotechnologie, der damit zum wichtigen Faktor für die Union in ihrer gegenwärtigen Strategie um Wettbewerbsverbesserung und Arbeitsplatzbeschaffung wird«.[35] Ersetzen wir das verschleiernde ›Biotechnologie‹ durch ›Gentechnologie‹, ›Wettbewerbsverbesserung‹ durch ›mehr Profit‹ und ›Arbeitsplatzbeschaffung‹ durch ›Ausbeutung immer weniger Beschäftigter‹ sind wir der Wahrheit etwas näher.

Lassen wir uns nicht davon täuschen, daß die Bioethik-Konvention 1994 im Europarat erst einmal abgelehnt wurde. Ein Übungslauf, eine Proberunde, mehr nicht.

Die neue (Bio)Ethik, organisiert in Arbeitsgruppen, Kommissionen, Lehrstühlen, Instituten, hat heute vor allem die Funktion, in gesellschaftlichen Konflikten – und zu ihrer Vermeidung – zugunsten des Gentechnikkapitals zu entscheiden. Die Haltbarkeitsdauer vermeintlich technikkritischer Ablehnungen, wie des Eingriffes in die menschliche Keimbahn, hält nur, solange die entsprechenden Techniken noch nicht ausgereift sind. Die Bioethik begleitet die Gentechnik, denunziert die Kritik, erzwingt die Abschaffung des ganzen Arsenals an vertrauten Gewohnheiten an Umgang mit Leben und Tod.

»Das bislang intuitiv Plausible« solle »seine Tragfähigkeit verlieren«, heißt es in einem Text des neuen Bioethik-Institutes in Bonn, welches vom Gentechnikkapital und der öffentlichen Hand (Bund, NRW etc.) finanziert wird. Menschen- und Grundrechte erscheinen uns (noch) »intuitiv plausibel«. »Plausibel« doch auch, daß Menschen fehlerbehaftete Wesen sind, körperlich sowie in ihrem sozialen Verhalten: freiheitsliebend, widerborstig, soziale Wesen, voll Intelligenz und Phantasie, manchmal schwer zu domestizieren.

»Plausibel« scheint uns auch, daß ein Lebender oder noch Sterbender für verkäufliche Organe nicht geschlachtet werden darf. »Plausibel« doch, daß einem wirklich toten Menschen Organe nur

35 British Medical Journal vol. 308, v. 25. Juni 1994; zit. nach: Bioethik-Konvention: *Die Kritik wächst.* Stellungnahme des Gen-Archivs Essen vom August 1994

entnommen werden dürfen, wenn er dies noch wach und lebendig selbst ohne Druck und schriftlich ausdrücklich verlangte und dieser bewußte Wunsch noch relativ aktuell ist. »Plausibel« ist noch, daß Menschen nicht gezüchtet werden dürfen, sondern so akzeptiert werden sollten, wie sie geboren werden (um ihnen nach ihrer Geburt alle Chancen zu geben). »Plausibel« auch noch, daß alles zu tun ist, die umfassende gesellschaftliche Gesundheit der Menschen zu gewährleisten und daß nichts getan werden darf, sie als »minderwertig« zu beseitigen oder Menschen nur noch als Klone von Hochleistungsmenschen entstehen zu lassen.

Wenn das »bislang intuitiv Plausible« »seine Tragfähigkeit« verloren haben wird, wenn also die Versehrbarkeit menschlichen Lebens Staatsdoktrin und die Würde des Menschen angetastet und zerbrochen worden sein wird – ja dann? Was wird ein Mensch in einer Gesellschaft mit einem solchen Menschenbild von sich denken? Wie sieht sein Selbst-Bewußtsein aus? Was ist dann noch ein Mensch? Welche Möglichkeit gäbe es, aus einer so lange und vielschichtig gereiften neuen gen-diktatorischen Gesellschaft nicht nur individuell auszubrechen, sondern diese inhumane Gesellschaft zu zerbrechen?

Eine der ökonomischen Interessen, für die die Europäische Union konstruiert wurde, ist die Abschaffung der letzten Reste menschenfreundlicher Hindernisse für transnationale Konzerne mit europäischem Stammhaus. Auf EU-Ebene wird die Zerstörung vereinheitlicht und die Vereinheitlichung soll die Zerstörung rechtfertigen, als gäbe es keine Alternativen. Wo Streit zwischen Kapitalfraktionen herrscht oder Entwicklungen noch nicht entschieden sind, wird es kurzzeitig Nischen geben. Ihre Existenz wird ReformistInnen aller Couleur Beweis sein für die Klugheit der eigenen Politik und für die Reformierbarkeit der herrschenden Verhältnisse. Sie addieren neue Gefahren den altbekannten hinzu, sie begreifen nichts von der neuen Qualität des Kapitalismus.

Es macht mich wütend, von wie wenigen begriffen wird – die Linke ist in diese Kritik unbedingt eingeschlossen –, wie rasend schnell der Mensch entwertet wird. Nur eingeweihte KritikerInnen schreien auf, wenn das zentrale Bioethik-Institut in Bonn sagt:

»Dem Körper eines Menschen kommt nur insoweit ein moralischer Wert zu, wie er dazu dient, das Leben des Gehirns zu unterhalten.«

Ein neues Urteil des Bundesgerichtshofs vom September 1994 macht auch die Ermordung von Komakranken möglich, wenn ein angeblicher früherer Wunsch, in einer solchen Situation nicht weiterleben zu müssen, von Angehörigen plausibel vorgetragen werden kann. Die zweischneidige Kritik an »der Apparatemedizin« und das Verlangen des regelungsbedürftigen und ordnungsliebenden Bürgers nach staatlich (!) zu sanktionierender »Sterbehilfe« (um dem individuellen Konflikt auszuweichen) half und hilft, die mögliche Ermordung von Sterbenden gesellschaftlich durchzusetzen.

Die Ideologie von der »Überbevölkerung« begleitet die ökonomische Überflüssigkeit von Milliarden von Menschen im Trikont und entwertet sie. In den kapitalistischen Zentren würde ein vergleichbar brutaler Akt womöglich noch nicht akzeptiert. Aber bei einigen Bevölkerungsgruppen wird auch hier exerziert, was sich die Herrschenden bei anderen Gruppen noch nicht trauen. Es ist oft nicht rational, wo die Grenze des schon und des noch nicht Erlaubten verläuft. Daß zu ›geistig Behinderten‹ erklärte Menschen ohne ihre Zustimmung sterilisiert werden dürfen, regt hingegen in diesem Land kaum jemanden auf. Von BetreuerInnen und Verwandten wird dies oft sogar gewünscht.

Nichts illustriert die neue Auffassung vom Wert des Menschen zur Zeit offenherziger als folgendes Zitat: »Nach unserer Auffassung scheint es ganz natürlich, zu sagen, daß die Organe lebendiger Personen lebenswichtige Gesundheitsressourcen sind, die wie alle anderen lebenswichtigen Ressourcen gerecht verteilt werden müssen. Wir könnten uns daher gezwungen sehen, darauf zu bestehen, daß alte Menschen getötet werden, damit ihre Organe an jüngere, kritisch kranke Personen umverteilt werden können, die ohne diese Organe bald sterben müßten. Schließlich benutzen die alten Menschen lebenswichtige Ressourcen auf Kosten von bedürftigen jüngeren Menschen.«[36]

36 Klemens Kappel/Peter Sendoe, *Saving the Young before the Old – A Reply to John Harris,* in: Bioethics, vol. 8, Nr. 1, 1994

Philosophen der Barbarei finden wir überall, hier sind es zwei Bioethiker von der Universität Kopenhagen, Peter Sandoe, auch Vorsitzender der dänischen Tierethik-Kommission, und Klemmes Kappel.

Die Euthanasiepropaganda der australischen BioethikerInnen Peter Singer und Helga Kuhse fiel in Deutschland auf historisch fruchtbaren Boden. Als »Zerstörung der Meinungsfreiheit« wurde die Kritik an ihren mörderischen Thesen denunziert. Die Berliner Philosophin Ursula Wolf (Freie Universität Berlin) ist eine Gleichgesinnte von Singer und Kuhse: »Wie können Versuche an Tieren zulässig sein, wenn eine entsprechende Behandlung von Menschen, (...) die in ihren geistigen Fähigkeiten auf einer Ebene mit den Versuchstieren oder sogar darunter stehen, abgelehnt wird? (...) Versuche an schwachsinnigen Menschen sind in der Tat an und für sich moralisch zulässig.«

Auch halbwegs fortschrittliche Kreise schlossen sich den PropagandistInnen der neuen Euthanasie an. Unter ihnen die Zeitschrift *Emma*, herausgegeben von Alice Schwarzer. Anfang 1994 titelte *Emma:* »Freund Singer« und verteidigte den »Tierfreund«, der in Deutschland »als Menschenfeind« gehetzt würde. Der »Tierfreund« beseitigt die Grenze zwischen Mensch und Tier, indem er z. B. schwerbehinderte Säuglinge auf die gleiche Stufe wie Tiere stellt oder noch darunter und dafür plädiert, sie unter bestimmten Umständen zu ermorden. Er zieht eine neue Grenze: die zwischen Personen und Nichtpersonen, Menschen mit Lebensrecht und Menschen ohne.

Die Kirchen, reiche Verwalterinnen der Ideologie von der nützlichen Vertröstung aufs Jenseits, schreiten mal voraus, mal hinterher. Jetzt lockerten sie ihre früheren »ethischen« Bedenken gegen die Zerstückelung des Menschen vor seinem Tod: »Die Kirchen sehen in der Organspende durchaus die Möglichkeit, über den Tod hinaus sein Leben in Liebe für den Nächsten hinzugeben«, sagen die Deutsche Bischofskonferenz und der Rat der Evangelischen Kirche Deutschland (EKD).

Der Mensch wird gentechnisch »gleich« gemacht. Er wird, in den Plänen, herrschenden Normen von Gesundheit und Leistungsfähigkeit und von sozialem Verhalten unterworfen. Biologische Gleichmacherei von Ungleichem, nämlich des individuellen, unterschiedlichen Menschen, verträgt sich nicht mit sozialer Gleichheit. Die gesellschaftliche Gleichheit setzt die Vielfalt der Menschen geradezu voraus. Das Verlangen nach sozialer Gleichheit des Menschen enthält die individuelle Vielfalt des Menschen. Geklonte, manipulierte, gezüchtete menschliche Wesen, die nach herrschenden Nützlichkeitserwägungen gleichgemacht wurden, haben ihre Voraussetzung für den Kampf um soziale Gleichheit verloren. Sie sind schon nicht mehr sie selbst. »Alle Menschen werden Brüder (besser: Geschwister)...«, nicht: »Alle Menschen werden Klone...«.

Auf linken Kongressen rechnet die Autorin mit allem möglichen: mit Ärgernissen und Anregungen, weitertreibenden Auseinandersetzungen und radikalen Dummheiten, mit reformistischen Opportunismen wie mit überraschenden Vorschlägen. Wenn dann noch gute politische und persönliche FreundInnen anwesend sind und auf den Büchertischen eine interessante Mischung aus antiquarischem Lesestoff und neuen Texten liegt, macht das in diesen Zeiten froh. Manchmal wird soviel Bescheidenheit jedoch noch unterfordert.

Im Juni 1993 veranstaltete die Zeitschrift *Konkret* einen insgesamt durchaus anregenden Kongreß in Hamburg. Am zweiten Kongreßtag referierte Christoph Türcke im Forum »Differenz und Reaktion« einleitend. Der Saal war mit einigen hundert Leuten gefüllt. Bereits die ersten Sätze Türckes sind rassistisch[37]: »Daß Pygmäen, Mongolen, Eskimos, Araber, Skandinavier in Wuchs, Gestalt, Farbe, Sprache und Sitten deutlich voneinander abweichen, ist keine Erfindung ressentimentgeladener Mitteleuropäer, sondern simple Tatsache. Es gibt nun einmal Menschengruppen schwarzer, weißer, gelber und rötlicher Hautfarbe, die sich durch die Gemeinsamkeit erblicher Merkmale signifikant von anderen unterscheiden, und so unmöglich es ist, genau anzugeben, wie weit dieser

37 Christoph Türcke, Vortragsmanuskript. Das Manuskript weicht in einigen Stellen von der später in *Konkret* als Originalfassung veröffentlichten Version ab.

Merkmalsunterschied sich über die Hautfarbe hinaus auf Temperament, Neigung, Begabung, Charakter erstreckt, so absurd wäre es, ihn zu leugnen und so zu tun, als bedeute der Unterschied zwischen schwarzer und weißer Hautfarbe nicht mehr als der zwischen einem roten und einem grünen Anorak. (. . .) Dieser Stoffwechselprozeß (des Menschen mit der Natur) hat den Menschen, als einzelnen wie als Gruppen, zahllose Verschiedenheiten ein- und aufgeprägt, und wenn man den eindeutigsten und haltbarsten davon, die so tief in dem jeweiligen Kollektiv sitzen, daß sie sich unweigerlich vererben, und mit dem die betreffende Person sich auch paare, den Namen der Rasseneigenschaft gibt, so ist das nichts als eine vernünftige Regelung.«

Mir wurde beim Zuhören regelrecht übel. Naiv hatte ich mich auf einem linken Kongreß vor solch tiefgreifend rassistischem Dreck sicher gefühlt. Nun saß ich da auf dem Balkon des großen Saals und sah die Massen der Leute gespannt zuhören. Türcke konstruierte Kollektive (»Araber«), die nicht nur in »Farbe«, sondern auch in ihrer angeblich übereinstimmenden »Sprache und Sitten deutlich voneinander abweichen«, das sei kein Vorurteil, sondern »simple Tatsache«. Türcke klassifizierte, stellte hierarchische Ordnungen her, vermischte und verband äußerliche, frei phantasierte Merkmale (Hautfarbe) mit sozialen Charakteren und konstruierte Kollektividentitäten.

Etwa seitdem ich dreizehn Jahre alt bin, wurde die Frage, ob es menschliche ›Rassen‹ gibt und ob sie sich unterscheiden, in meinem sozialen Umfeld diskutiert (innerhalb der Linken hat es bis vor kurzem kaum jemanden interessiert). Neben den primitiven Formen des Rassismus (»Neger stinken«) war höchst beliebt die »wissenschaftliche« Variante des Rassismus: Es sei bewiesen, daß die Intelligenz der »Neger« geringer sei als die der »Weißen«, die liberale Variante: deshalb seien sie nicht weniger wert, im Gegenteil, an »Lebensgefühl und Rhythmus« seien sie »uns« Kopflastigen doch überlegen. Soeben wurden in *Spiegel* und *Focus* rassistische »wissenschaftliche« Ergebnisse über den angeblich geringeren Intelligenzquotienten von »schwarzen« US-BürgerInnen veröffentlicht.

Mir war die Debatte also nicht neu. Ich ertrug diesen Vortrag nicht und schon gar nicht das Schweigen der ZuhörerInnen, und so riefen wir zornig dazwischen. Einem solchen Vortrag darf durch Schweigen nicht noch eine Legitimation verschafft werden. Wütende Blicke aus dem Publikum treffen uns. So schöne Formulierungen will mensch zu Ende hören, und wie entlastend aus linkem Mund: Es gibt Rassen und Rassen*eigenschaften*.

Diskussionsleiter Gröndahl ruft uns zur Ordnung. Ordnung ist immer wichtig in Deutschland. Rassismus muß in geordneten Bahnen und »differenziert« diskutiert werden. Emotionalität über soviel Menschenverachtung in Zeiten rassistischer Morde? Als wir nicht aufhören »zu stören« und uns der Appell, »alles erst in Ruhe zu Ende zu hören«, nicht überzeugt, als Ingrid Strobl und einige andere empört den Saal verlassen, interveniert Podiumsteilnehmer Wolfgang Fritz Haug zugunsten Türckes (»Verdrängen von Tatsachen«). Der einzige, der vom Podium aus widerspricht, ist Günther Jacob.

Die Unruhe bleibt, und Hermann L. Gremliza wird gerufen. Der sagt, er habe den Vortrag noch nicht gelesen, wer aber Türckes Texte in *Konkret* gelesen habe, wisse, »mit welcher intelligenten linken Art von Argumentation er es bei ihm zu tun hat (. . .) Der Zeitpunkt, zu dem die ersten hektischen Zwischenrufe kamen, war so früh, daß keiner wissen konnte (. . .) die vielen, die sitzen geblieben sind, (. . .) haben ein Recht, ihn zu hören.«[38] Der Vortrag sei, da waren Hermann L. Gremliza und Diskussionsleiter Boris Gröndahl und ein großer Teil des Publikums sich einig, bis zu Ende anzuhören.

Gewiß gibt es Aussagen, die durch nachfolgende Worte in ihrem Sinn verändert werden können. Aber es gibt auch Behauptungen, die durch nichts Nachfolgendes relativierbar sind. Nie käme Gremliza beispielsweise auf die Idee, die Behauptung der Nichtexistenz von Auschwitz, ohne nachfolgende Vortragsteile zu kennen, für etwas anderes zu halten als für eine faschistische Position!

». . . Zwischenrufe kamen, war so früh, daß keiner wissen

38 Wolfgang Schneider/Boris Gröndahl (Hg.), *Was tun? Über Bedingungen und Möglichkeiten linker Politik*, Der *Konkret* Kongreß, *Konkret* Texte 4, Hamburg 1994, S. 213

konnte«? (Gremliza). Eine Aussage wie »Rasseneigenschaften«, nach »Rassen« unterschiedliche »Temperament, Neigung, Begabung, Charakter« – nicht einschätzbar von Linken? Die angebliche »Vererbbarkeit« angeblicher »Rasseneigenschaften« ist nicht irgendeine dumme Äußerung, sondern die zentrale Aussage, die alle Variationen des Rassismus vereinigt: »Im Unterschied zur praktisch unendlichen Fülle von Varianten des ›Rasse‹-Begriffes schält sich ein gemeinsamer Nenner aller Rassismusspielarten heraus, der Glaube an (wie auch immer definierte) angeblich nicht oder nur langfristig veränderbare ›Rassen‹, die mit bestimmten Charaktereigenschaften verknüpft und höchstens durch biologische Prozesse der ›Rassen‹-Vermischung zu verändern seien. Zu den zentralen Eigenschaften von ›Rassen‹ gehören ihr Status als ›überlegene‹ und ›unterlegene‹ Rasse« schreibt Immanuel Geiss in seiner *Geschichte des Rassismus.*[39]

»Warum nicht einräumen«, fährt Türcke fort, »daß es günstigere und weniger günstige klimatische und geographische Bedingungen für menschliche Entwicklungen gibt, so daß es nicht ganz zufällig ist, wenn etwa im Mittelmeerraum und in Vorderasien sich Agrikultur, Architektur und Handel, Sprache und Schrift in anderer Weise entfalteten als in Feuerland oder Amazonien? Warum nicht zugeben, daß die Natur ihre Huld innerhalb der Rassen wie auch zwischen ihnen nicht so gleichmäßig verteilt hat wie eine Firma ihre Postwurfsendung?«

Türcke ist kein Faschist. Aber wo ist *im Wesen* der Unterschied zwischen seinen Äußerungen und den folgenden: »Es ist unbestreitbar, daß einige Rassen mehr zu Verbrechen neigen als andere. (...) Es kann festgestellt werden, welche Rasse für bestimmte Aufgaben besonders geeignet ist (die Weißen z. B. in Berufen, wo Intelligenz verlangt wird, die Neger im Showbusiness) (...) Geschichte ist eine Geschichte von Rassenkämpfen.« Und: »Die sozialökonomisch niedrige Stellung der Neger in den USA ist nicht für ihre mindere Intelligenz verantwortlich, sondern ihre mindere In-

39 Immanuel Geiss, *Geschichte des Rassismus*, Frankfurt 1988, S. 15

telligenz für die sozialökonomisch niedrige Stellung.« Beide Äußerungen stammen vom Faschisten Jürgen Rieger, dem Führer der nun verbotenen Nationalistischen Front, einem bekannten Nazi-Anwalt.

Türcke geht falsch und undialektisch von einer gleichförmigen technologischen Entwicklung aus, an deren vermeintlich höchstem Stand nur die jeweils »höher entwickelten Rassen« teilnehmen oder ihn befördern. Pech haben die minderbegabten »Rassen«, die den Ansprüchen der vorgegebenen Entwicklung, deren materielle Bedingungen überall gleich zu sein scheinen, nicht folgen können.

Dabei findet technologische Entwicklung nicht mechanisch statt. Es sind stets vielfach verzweigte Weichen an Entwicklungswegen. Ständig werden Entscheidungen getroffen, durch Handeln oder Nichthandeln, welche Richtung eingenommen werden soll, welches Forschungsprojekt oder welche Fragestellung gefördert, vernachlässigt oder behindert wird. Welche Ressource wie und wo geplündert wird, welche Form der Arbeitsteilung durchgesetzt wird, wer in welcher Funktion daran teilnimmt und wer nicht. Diese Entscheidungen unterliegen den Interessen der Herrschenden und im Kapitalismus dem Interesse an Verwertung, Profit und Herrschaft.

Was zur Entscheidung steht, hat mit den materiellen Voraussetzungen zu tun. Es gab nie einen Plan, daß eines Tages das Rad erfunden werden mußte oder die Computer. Die Welt könnte auch völlig anders aussehen. Und welche »Kultur« in Gestalt von Mayatempeln oder Pyramiden geschaffen wird, hängt vom Stand der technischen Mittel, von der gesellschaftlichen Organisation und zum Beispiel vom Vorhandensein von Sklaven und anderen BilligstarbeiterInnen ab. Auch große Hitze und Kälte beeinflussen menschliche Arbeit. Nur wo Holz wächst oder billig geplündert werden kann, können Holzschiffe »erfunden« werden. Meere und Wüsten bringen unterschiedliche Ernährungs- und Werkzeugtechniken hervor. Die ursprüngliche Akkumulation durch Raubplünderung des Trikont verschaffte den Kolonisatoren einen bis heute nicht aufgeholten Vorsprung usw. Was hat das alles mit »Rasseneigenschaften« zu tun? Türcke, der sich als Marxist gibt, hat keine

Ahnung von einer materialistischen Analyse. Er bewegt sich eher in der Tradition der PositivistInnen.

Es gibt nur eine »Rasse« – mensch sollte diesen widerlichen Begriff überhaupt nicht verwenden – und das ist die Menschheit. Die Konstruktion von menschlichen »Rassen« wird zur Herstellung und Stabilisierung der herrschenden Ordnung gebraucht, seit man sie erfand. Immer in der Geschichte wurde der Begriff der menschlichen »Rasse« verwendet, um Menschen hierarchisch zu klassifizieren, in minderwertige und höherwertige zu unterscheiden. Es gab nie einen wertfreien, objektiven, wissenschaftlichen Begriff davon. »Rasse« war und ist immer Ausdruck meist weißer patriarchaler Herrschaft.

Die Behauptung der Existenz menschlicher Rassen taucht in Europa, in Frankreich, Deutschland und England, etwa im 15./16. Jahrhundert zum ersten Mal gegenüber nicht-europäischen Menschen auf. Für den internen europäischen Gebrauch gab es den Versuch, andere Menschen als biologisch und sozial minderwertig zu erklären, schon seit Jahrhunderten, soweit wir heute wissen.[40] Für den externen Gebrauch wurde die Rassifizierung des Anderen über die Jahrhunderte systematisiert, mit Hilfe diverser Wissenschaften.

Wesentliches Ordnungsprinzip der europäischen Gesellschaft wurde der Rassismus, noch bevor der Kapitalismus und – als seine gesellschaftliche Organisation – die bürgerliche Gesellschaft entstand. So, wie die angebliche Zivilisiertheit gegen die »Wilden« und wie das Christentum als Missionsauftrag für Kreuzzüge, reicht der Rassismus tief in die Ursprünge europäischer Geschichte hinein. Rassistische Einstellungen und Theorien sind nicht erst als »natürliche« Folge der Begegnungen mit (angeblich anders aussehenden) Fremden entstanden und nicht erst als Reaktion des europäischen Adels gegen den Plebs und das konkurrierende Bürgertum. Spuren führen zurück ins 6. und 7. Jahrhundert.

40 Vgl. Joachim Kuhn, *Innereuropäische Ursprünge des Rassismus*, in: *Silsila* 3/1994, S. 42–52

Léon Poliakov[41] zeigt die Verbindung zwischen den »Ursprungsmythen« des Mittelalters mit dem modernen Nationalismus, Rassismus und Faschismus. Auf die Gefahren zu starker historischer Kurzschlüsse hinweisend, will er die Lebendigkeit des Mythos der »Ewigen Stadt« für Mussolinis Faschisten und den des »germanischen Waldes« auf das Selbstverständnis der Nazis nicht übersehen. Den Begriff »Rasse« finden wir, in Vorbereitung für seine moderne Deutung, schon in der Selbststilisierung des Adels gegenüber den Bauern und dem Bürgertum und zwischen Bevölkerungen, wenn sich etwa eine herrschende Gruppe gegenüber einer beherrschten Bevölkerung als Herrenvolk aufspielt und die eigene vermeintliche Überlegenheit als gottgegeben oder natürlich usw. ableitet.

Wenn Papst Urban II. im Jahre 1095 die »von Gott auserwählte und geliebte« »Rasse der Franken« zum Kampf gegen die »Rasse aus dem Königtum der Perser, eine verfluchte Rasse« aufruft, bedeutet »Rasse« noch nicht dasselbe wie heute. Aber ein Strang bleibt gleich: Immer geht es um den Versuch, Herrschaft zu legitimieren, krasse soziale Unterschiede biologisch zu definieren, das gegnerische Kollektiv systematisch als niederwertig zu beschreiben und so Herrschaft, Krieg und Unterdrückung mit der vermeintlich minderwertigen, grundsätzlich anderen biologischen Konstitution der Angegriffenen zu unterlegen.

Rückschläge bei der Eroberung der muslimischen Welt verschärften die innere Rassifizierung in Europa. Leichter erreichbar waren die Juden und Jüdinnen in den Ländern der Kreuzfahrer. Eine breite Blutspur von Pogromen und Massakern begleitete die mörderischen Kreuzzüge des Antisemitismus im eigenen Land, angefeuert von christlichen Predigten gegen die »Ungläubigen« und »Christusmörder«.

Die Kolonisierung des Ostens im 12. und 13. Jahrhundert wurde auch mit der rassistischen Anschauung der angeblichen Unterlegenheit der slawischen Völker vorbereitet, eine rassistische Tradition, die auch mit dem Faschismus nicht beendet wurde. Die Erobe-

41 Léon Poliakov, *Der arische Mythos, Zu den Quellen von Rassismus und Nationalismus,* Wien 1977, S. 19

rung des christlichen Irlands begleitete die Denunziation der Iren als »scheußlichste Rasse (. . .), die sich im Laster wälzt«, wo »Unwissenheit, Heimtücke, Blasphemie, Inzest« und »Kannibalismus« herrsche.

Vielerorts beschrieb sich der Adel als eigene, höherwertige »Rasse«, der auf seine Blutreinheit zu achten habe. Heute ist der Gedanke durch den harmloseren Begriff Standesdenken ersetzt. Ein Witz ist in bestimmten Adelskreisen beliebt: Frage: Welches Lebewesen ist dem Menschen am ähnlichsten? Antwort: der Bürger.

Geschichte wurde erfunden, fränkische und germanische Mythen wurden geschaffen, den Galliern eine Sklavennatur untergeschoben. Ein anderes Mal waren die Franken, indem sie die Gallier von der Unterdrückung durch die Römer befreiten, doch nur remigrierte Gallier. Menschen wurden gewertet, wie es dem Interesse der Herrschenden jeweils diente.

Den Mythos der germanisch-fränkischen Überlegenheit zog der Adel an sich und ließ ihn, über die Französische Revolution hindurch, erst richtig aufblühen. Revolution? Aufstand der durch die Natur zu Sklaven Bestimmten! Wie immer und überall kleidet sich die Herrschaft einiger über andere in die Maske der »Rasse«: Als sei die Französische Revolution nicht der Sieg einer Klasse (der Bürger) über die andere (den Adel), sondern der Nachfahren der Gallier über die der Franken.

Von den Ideologen der Nazis wurde die Russische Revolution von 1917 z. B. vor allem als ein Aufstand der »Mongoloiden« erklärt. Das hatten nicht sie erfunden. Im Bürgertum und im Adel, also bei den von einer Revolution Bedrohten, waberte dasselbe Bild schon länger.

Was der Bürger zuvor an intraeuropäischem Rassismus an sich selbst erlebt hatte, wandte er später gegen die von ihm unterdrückte Klasse an und entwickelte es weiter. Die Arbeiter verdankten ihre elende Lage, so eine verbreitete Meinung, den erblichen Defekten ihrer Körper und ihres Geistes.

Der Begründer der deutschen Eugenik, Alfred Ploetz, von dem auch der Begriff »Rassenhygiene« stammt, war sich früh im klaren, was mit den Kindern geschehen sollte, die trotz eines wissenschaftlich geregelten Reproduktionsverhaltens fehlgebildet geboren werden würden: »ein Ärzte-Collegium« würde ihnen einen »sanften Tod« bereiten, »sagen wir durch eine kleine Dose Morphium«.[42] Ploetz sympathisierte, wie andere führende Eugeniker, darunter Wilhelm Schallmayer und Alfred Grotjahn, mit sozialistischen Ideen. Ihre richtige Kritik an den gesundheitsschädigenden Arbeits- und Wohnverhältnissen verband sich mit der Vorstellung eines sozialistischen Zuchtwahlprinzips. Das kapitalistische System, meinte Ploetz, befände sich nicht in Übereinstimmung mit »rassenhygienischen« Vorstellungen.

Alfred Grotjahn warb in der ArbeiterInnenbewegung darum, die Kenntnisse der Bevölkerungspolitik und der Eugenik unbefangen zur Kenntnis zu nehmen: Die »Bahnbrecher der Eugenik in Deutschland, Schallmayer und Ploetz« hätten »ihren Ausgangspunkt von der sozialistischen Gedankenwelt genommen«. »Eine an der wissenschaftlichen Eugenik orientierte sozialistische Bevölkerungspolitik könnte auch wesentlich dazu beitragen, den deutschen Sozialismus ganz allgemein mit jenem starken nationalen Verantwortungsgefühl zu sättigen, das die führenden Mehrheitssozialisten bei Kriegsbeginn, beim Zusammenbruch und namentlich in den Nachkriegsjahren geleitet und ihnen die Erhaltung des Reiches ermöglicht hat.«[43]

In der Mehrheit der ArbeiterInnenbewegung gingen sie Hand in Hand: Eugenik, Rassenhygiene und Nationalismus. Rosa Luxemburg, die zu diesem Zeitpunkt bereits einige Jahre unter Mitwirkung von Mehrheitssozialisten, ermordet war, hätte auch in diesem Punkt widersprochen. Auch in der nationalen Frage hatte sich die Mehrheit der deutschen Linken von den Theoretikern abgesetzt, auf die sie sich vorgeben zu beziehen.

42 Peter Weingart/Jürgen Kroll/Kurt Bayertz, *Rasse, Blut und Gene – Geschichte der Eugenik und Rassenhygiene in Deutschland,* Frankfurt 1992, S. 33

43 Alfred Grotjahn, *Die Hygiene der menschlichen Fortpflanzung, Versuch einer praktischen Eugenik,* Berlin/Wien 1926; zit. in: Peter Weingart/Jürgen Kroll/Kurt Bayertz, *Rasse, Blut und Gene – Geschichte der Eugenik und Rassenhygiene in Deutschland,* Frankfurt 1992, S. 108/109

Vaterlandsverteidigung, Kriegsbereitschaft, Antisemitismus – nichts hatte mit den Grundgedanken derjenigen zu tun, auf deren Lehre sie sich zu beziehen behaupteten: »Die Arbeiter haben kein Vaterland, man kann ihnen nicht nehmen, was sie nicht haben.«[44] Und: »Die Proletarier aber haben in allen Ländern ein und dasselbe Interesse, einen und denselben Feind, einen und denselben Kampf vor sich; die Proletarier sind der großen Masse nach schon von Natur aus ohne Nationalvorurteile, und ihre ganze Bildung und Bewegung ist wesentlich humanitarisch, antinational. Die Proletarier allein können die Nationalität vernichten, das erwachende Proletariat allein kann die verschiedenen Nationen fraternisieren lassen«[45] schrieben Marx und Engels.

Die Vorstellung von einer sozialistischen Eugenik wurde aus der auch in der Linken verbreiteten Annahme gespeist, die menschliche Gesellschaft befände sich in einem Degenerationsprozeß. Auch Kautsky ging 1892 in einer Besprechung einer Broschüre Schallmayers von der wohlbekannten Tatsache der körperlichen Entartung des Kulturmenschen aus. 1910 stellte er »rasche und beängstigende Fortschritte« fest. Die künstliche Zuchtwahl, empfahl er, solle die natürliche ergänzen, aber erst in einer sozialistischen Gesellschaft. Später sollten dann die Menschen insgesamt geändert werden.

»Künstlich« bedeutete, daß kränkliche Individuen von der Fortpflanzung ausgeschlossen sein sollten. Der Sozialismus würde dem Menschen nicht nur materiellen Überfluß und Muße schenken, sondern auch Gesundheit und Kraft. Kautsky: »Ein neues Geschlecht wird entstehen, stark, schön und lebensfreudig, wie die Helden der griechischen Heroenzeit, wie die germanischen Recken der Völkerwanderung«[46]. Zu den harmloseren Folgen dieser soziali-

44 Karl Marx/Friedrich Engels, *Manifest der Kommunistischen Partei*, 1848, MEW 4, S. 479

45 Friedrich Engels, *Das Fest der Nationen in London*, MEW 2, S. 615

46 Karl Kautsky, *Vermehrung und Entwicklung in Natur und Gesellschaft*, Stuttgart 1910; zit. in: Peter Weingart/Jürgen Kroll/Kurt Bayertz, *Rasse, Blut und Gene – Geschichte der Eugenik und Rassenhygiene in Deutschland*, Frankfurt 1992, S. 113

stischen Eugenik zählen die scheußlichen Skulpturen des sozialistischen Realismus, die teuflische Ähnlichkeit aufweisen mit dem Menschenbild in der Kunst der Nazizeit.

Die sozialistische Eugenik blieb in Deutschland relativ einflußlos, ihr fehlten einflußreiche RepräsentantInnen und ihr fehlte Zeit. Bald blieb die Interpretation von Eugenik und Rassenhygiene ganz in der Hand der politischen Rechten. Der sozialkritische Anteil, die zum Teil sozialrevolutionäre Kapitalismuskritik der sozialistischen Eugeniker, machte der faschistischen Bevölkerungspolitik Platz. Ohne ihren Einfluß überschätzen zu wollen: Die Einstellung der MehrheitssozialistInnen zur Eugenik öffnete dieser ein Tor in der Gesellschaft.

Ganz logisch, unterstützt auch von sozialistischen DenkerInnen, hatte sich der Sozialdarwinismus mit der Eugenik verknüpft. Die Biologisierung der sozialen Hierarchie (Sozialdarwinismus) fand in der Biologisierung der sozialen Ungleichheit und der Vernichtung (Eugenik), in der Biologisierung von Gesundheit und Krankheit, ihre ideale Ergänzung und umgekehrt. Mochten linke Eugeniker, die »Degeneration« der Proletarier auch ursprünglich sozial begründet sehen, in den Gruben, an den Fließbändern, in den feuchten und finsteren Wohnlöchern des Kapitalismus, in dem sie aber den (kulturellen) Wert des Menschen über seine Gesundheit definierten, seine soziale Lage biologisch erklärten und seine Zerstörung zur Folge minderwertigen Erbmaterials erklärten, fütterten sie die Ideologie der Ungleichheit der Menschen.

Die historische Herausbildung von Klassen, die jeweils konkrete Form der Ausbeutung des Menschen durch den Menschen, einschließlich patriarchaler Herrschaft, hat die Entwicklung und das Bewußtsein von Menschen wie nichts anderes beeinflußt, ob in Europa, in Afrika, Asien, Amerika oder in Australien. Schon die einfachste empirische Untersuchung läßt Türckes Thesen von der »Rasseeigenschaft« zerplatzen. Wieviel »rassische Gemeinsamkeit« verbindet eine Bäuerin in einem schwarzafrikanischen Dorf mit einem »schwarzen« Intellektuellen in Boston und den mit einem 16jährigen »schwarzen« Knacki in South Central oder der

Bronx? Wieviel »rassische« Gemeinsamkeit verbindet eine blaßhäutige deutsche Wohnsitzlose mit dem fahlen Edzard Reuter?

Plötzlich gibt es – nur dafür wird die Konstruktion von menschlichen »Rassen« gebraucht – keine Klassen, keine tiefgreifenden sozialen Unterschiede innerhalb des willkürlichen Kollektivs Hautfarbe mehr. Es wird unterstellt, daß sich innerhalb einer so konstruierten »Rasse« mehr biologische und soziale Übereinstimmungen finden lassen als etwa zwischen fahlhäutigen und »schwarzen« Menschen der gleichen Klasse.

Das ist in jeder Hinsicht falsch: Mensch möge beispielsweise die *sozialen* Unterschiede zwischen schwarzen Menschen, die unterschiedlichen Klassen in einem Land angehören, beachten. Also, warum nicht Blutgruppe und Rhesusfaktor beachten? Sind die doch bei Unfällen gelegentlich von lebensgefährlichem Unterschied! Natürlich kam nie ein kolonialer Forscher auf die Idee, Menschen»rassen« entlang der Blutgruppen zu erfinden oder entlang ähnlicher Differenzen. Wir wissen, daß es in Wirklichkeit nicht um den Wahrheitsgehalt rassistischer Meinungen geht, sondern um die rassistische Unterscheidung von Menschen.

Die objektiv rassistische Annahme von »Rassen« versperrt den Blick auf die vielfältigen und wirklichen Unterschiede zwischen *Menschen* – biologischen wie sozialen Unterschieden. Auch der, der behauptet, es gäbe zwar »Rassen«, aber als guter Mensch betrachte er diese als gleichwertig, ist mindestens naiv. Denn »Rasse« war, wie wir gesehen haben, nie ein rationales, herrschaftsfreies, wissenschaftlich-objektives Unterscheidungskriterium. Der Begriff ist in dieser Gesellschaft tief und breit verankert. Als die PDS/Linke Liste 1994 im Bundestag den gutgemeinten Entwurf eines Antidiskriminierungsgesetzes einbrachte, fand sich auch dort die Unterstellung der Existenz von Rassen. Die deutsche Linke war stets anfällig für biologistische Positionen. Und Rassismus ist ohne Biologismus heute nicht mehr denkbar.

Gegen die Gleichmacherei der Vielfalt menschlicher (nicht: nationaler) Kulturen wehrt sich Türcke falsch. In seinem Text finden wir auch einige richtige Sätze, etwa: »... solange der Markt die vielen Kulturen als Waren gleichsetzt, sie austauschbar macht und zum Verkaufserfolg oder zum Untergang zwingt, ist ihre Vielheit auch Schein«. Allerdings hilft Türcke, unter dem Deckmantel der Protektion kultureller Vielfalt, dem Rassismus bei seiner Modernisierung.

Hilft gegen die kapitalistische »Gleichmacherei« wirklich nur die Demontage der universalistischen »Gleichmacherei«? Was nützt es, sich das Fundament bürgerlicher Rechte wegzuziehen? Spaltung der Menschen in »Rassen«, das Leugnen der Funktion der Rassifizierung der sozialen Frage, die Gleichmacherei der Menschen nach angeblichen »Rasseeigenschaften« und ihre Isolation in auf diese Weise konstruierte Kollektive sind das genaue Gegenteil der angeblich verteidigten Vielfalt des Menschen gegen kapitalistische Gleichmacherei.

Individuelle Vielfalt und kulturelle Eigenständigkeit von Menschen, nicht von Nationen, können verteidigt werden, ohne mit der Denunziation der Gleichheitsforderung ihre Abschaffung zu befördern. Türcke vermittelt nicht in diesem Konflikt, er argumentiert biologistisch, um die Vielfalt zu retten und tappt, im besten Fall, in alle Fallen. Denn auch die kulturelle Vielfalt ist nichts Wertfreies, in jedem Fall zu Erhaltendes. In Afrika gab es mancherorts Sklaverei, bevor die europäischen Kolonialisten kamen. Patriarchale Herrschaft, Frauen zu verkrüppeln oder zu töten, gehörte zu vielen Kulturen. Eine kulturelle Eigenschaft in manchen Regionen ist die Zerstörung weiblicher Sexualität durch die Verstümmelung kleiner Mädchen, indem ihnen Klitoris und Schamlippen mit Messern oder Scherben abgeschnitten werden. »Kultur« nennt sich auch ihre optische wie symbolische Unterwerfung durch den islamischen Schleier, so vermeintlich selbstbestimmt der Schleier im Einzelfall auch getragen werden mag. Unterwerfung und Selbstbestimmung vertragen sich nicht.

Die *andere* Kultur dort ist nicht unbedingt human, genauso wenig wie die herrschende Kultur hier. Der Respekt vor dem anderen Menschen kann verlangen, eine andere Kultur oder einige ihrer Anteile zu bekämpfen, mag sie herrschende Kultur sein oder unterdrückte. Respekt vor anderen Kulturen kann niemals heißen, zu tolerieren, daß die Möglichkeiten menschlicher Entfaltung eingeschränkt und verstümmelt werden dürfen. Sonst entpuppt sich diese Achtung als neue repressive Toleranz gegenüber unterdrückerischen Kulturen. Wie die Auseinandersetzung mit anderen Kulturen aussieht, wie sie das Verhältnis zwischen kapitalistischen Zentren und Trikont berücksichtigt und trotzdem in humanen, emanzipatorischen Grundüberzeugungen klar bleibt, ist eine andere, sehr lange Diskussion.

Ein Flüchtling kann selbst Rassist sein und ist trotzdem vor der Abschiebung zu retten. Auch die weitgehend geschichtslos verkitschten IndianerInnen führten Krieg und mordeten andere »Kulturen«. Die fremde »Kultur« ist nicht, nur weil ihre Zerstörung durch den Kapitalismus droht, automatisch human. Auch sie teilt sich in herrschende und Sub-Kulturen, und auch die unterdrückte Kultur verfolgt nicht unbedingt die edleren Prinzipien.

Alle großen Religionen, extrem kulturschaffende Ideologien der Herrschenden, waren antiemanzipatorisch und frauenunterdrükkend, bevor es den Kapitalismus gab. Der Kapitalismus darf sich allerdings die Eigenschaft zuschreiben, alles ihm nützliche Inhumane aus den geplünderten, unterworfenen Kulturen auf das Wirkungsvollste miteinander verknüpft zu haben.

Auch an anderen Orten der Welt haben sich menschenfeindliche Formen der Herrschaft durchgesetzt und sind herrschende Kultur geworden. Das eigentliche Interesse müßte darin liegen, in der Verschiedenheit der Kultur der Unterdrückten Ansätze für humanere Formen des gesellschaftlichen Zusammenlebens zu finden.

Wenn die soziale Ungleichheit Herrschaftsgrundlage ist und die formale Gleichheit Einzug hält, entstehen neue Formen der sozialen Ungleichheit. Türcke trug vor: »Das Indianerreservat könnte jetzt schon das Modell dafür sein, wie dermaleinst echte Schwarze, Weiße oder Gelbe gehalten werden, wenn der Schmelztiegel global geworden ist und Afrika, Indien, China genauso durchmischt (!; J. D.) hat wie jetzt schon Brasilien. Apartheid ist unrentabel, überholt und deshalb so blutig.«

»Schmelztiegel« oder *melting pot* hieß die US-Ideologie von der Integration aller Einwandernden. Heute finden wir in den USA, wenn wir wirklich hinsehen, perfide wirksame sichtbare und unsichtbare Grenzen, Mauern, Wälle zur Trennung der Menschen nach Hautfarben, eine nicht sehr subtile gesellschaftliche Apartheid. Es gab Untersuchungen in den USA, wie die soziale Aufmerksamkeit der Menschen in »weißen« Mittelschichtsstadtteilen, gegenüber denen in proletarischen, marginalisierten »schwarzen« Stadtteilen herzustellen sei. Alle diesbezüglich unternommenen Versuche scheiterten.

Als in Brasilien mangelernährte Menschen, in erbärmlichen Wohnverhältnissen, auf den Müllkippen der Reichen lebend, körperliche (gesundheitliche) Veränderungen zeigten und sich das mit ihrer Stigmatisierung aufgrund dunklerer Haut verband (die eine Vorbedingung ihres Müllebens war), wurden diese Armen in den Medien Brasiliens zu einer eigenen »Rasse«.

Aber »echte Schwarze, Weiße oder Gelbe« oder auch echte »Rote« gibt es nicht. In seinem Essay *Die Farbe der »Schwarzen«*[47] beschreibt Wulf D. Hundt, welche soziale Konstruktion über einige hundert Jahre den angeblichen Farben der Menschen zugrunde liegt. Bei Carl von Linné[48] etwa, der die Menschen in Arten systematisierte, dauert es nur etwa dreißig Jahre, von der 1. Auflage (1735) bis zur 13. Auflage (1767) seines Buches *Systema Naturae,* bis die Menschen in angeblich natürliche Hautfarben aufgeteilt sind: Aus dem »weißwerdenden« (albescens) Europäer wird der angeblich weiße (albus), aus dem «rotwerdenden« (rubescens) Indianer der rote (rubus) Mensch, aus dem ursprünglich dunkelbräunlichen (fuscus) Menschen aus Asien ein angeblich blaßgelber (luridus), und schließlich ordnet er den »homo africanus niger«, den »schwarzen« afrikanischen Menschen, dessen Hautfarben eine solche Einteilung zu rechtfertigen scheinen.

Wie wurden die »IndianerInnen« »rot«? Christoph Kolumbus erscheinen die amerikanischen UreinwohnerInnen noch »hell«.

47 Wulf D. Hundt, *Die Farbe der »Schwarzen«, Über die Konstruktion von Menschenrassen,* in: ÖkoLinX 16, Juli–September 1994, S. 49–55

48 Carl von Linné, *Systema naturae,* Leiden 1735 (1. Auflage) bzw. Vindabonae 1767 (13. Auflage); vgl. Wulf D. Hundt, a. a. O.

Auch Amerigo Vespucci berichtet 1502: »... die Farbe ist weiß«. Für manche Eroberer war ihre Haut »zimtbraun«, anderen erschien sie »goldgelb«. Von der Haut der sonnengebräunten Seefahrer schien sie sich nicht zu unterscheiden. »Die an Farben orientierte Rasseneinteilung (ist) das Resultat eines komplexen Produktionsvorgangs«, schreibt Hundt. Ab dem 18. Jahrhundert wird der Indianer »rot«. In den »komplexen Produktionsvorgang« der Herstellung von »Rassen« wob sich auch die eine oder andere Reisebeschreibung. Klischees über den exotischen Fremden wurden z. B. mit der Körperbemalung (der rote Farbstoff des Oleanderbaums) zu einer eigenen, anderen, fremden Hautfarbe verschmolzen. Erfolgreich wird die Stigmatisierung der Eroberer, wenn die Eroberten die Fremdzeichnung für sich selbst übernehmen, wie die Indianer spätestens seit dem 19. Jahrhundert von sich selbst als der »rote Mann« sprachen.

»Weiß wie in Deutschland« nennt Bernadino de Escalante in seiner Geschichte Chinas von 1577 die EinwohnerInnen Chinas. Andere europäische Autoren schreiben, ihre Hautfarbe sei gleich der der Deutschen, Italiener und Spanier, oder nennen sie »sehr weiß«. Im 18. Jahrhundert werden die Chinesen »gelb«: »blaßgelb« (Linné), »weizengelb«, und im 19. Jahrhundert werden sie in der Sprache des europäischen Imperialismus zur »gelben Gefahr«[49]. Hundt schließt nicht aus, daß auch hier reale Beobachtungen – gelb war in China die Farbe der Herrschenden – »in die rassistische Farbgebung« einflossen.

Das leichteste Spiel hatten die Rassenkonstrukteure mit Menschen aus Afrika. Selbst die antike Sklavenhaltergesellschaft kannte keinen farblichen Rassismus. Sklaven war meist hellhäutig, wer sie diskriminieren wollte, mußte auf innere, unsichtbare Kriterien zielen. Für Aristoteles, für den der Unterschied zwischen Herren und Sklaven ein natürlicher war, war der Sklave einer, »der an Vernunft nur so weit teilhat, um ihre Gebote zu verstehen, ohne sie zu besitzen.«[50] Nach der großen Pest stieg die Nachfrage nach Sklaven,

49 Wulf D. Hundt a. a. O.
50 Wulf D. Hundt a. a. O.

die aus Rußland, Mittel- und Vorderasien kamen. Mit der Eroberung Konstantinopels durch die Türken »werden die eingefahrenen Wege des europäischen Sklavenhandels zwischen Mittelmeer und schwarzem Meer jäh unterbrochen«. Es beginnt im 15. Jahrhundert der Handel mit versklavten Menschen aus Afrika.

Die Stigmatisierung der Unterworfenen als von Natur aus »vernunftlosen« Unterlegenen wird mit der Farbe der Haut, den vielen verschiedenen Farben ihrer Haut verknüpft. Die vorhandenen Hautfarben machen eine oberflächliche Unterscheidung leicht. Alle Hautfarben werden zu »schwarz«, einer Hautfarbe, die es so wenig gibt wie »weiß«. Diese Bündelung »erlaubt die kollektive Deklassierung der Bevölkerungen ganzer Kontinente«. Bis heute. Die vorhandenen verschiedenen Hautfarben der Menschen in Afrika werden zu einer gemeinsamen »schwarzen« Hautfarbe umgefärbt, allen nun »Schwarzen« wird eine gemeinsame »Rasse« angedichtet und mit ihr bestimmte »Rasseeigenschaften«.

Wenn es nützt, wird die Farbwahrnehmung durchbrochen. Umfragen belegten, daß erfolgreiche Superstars wie der in den USA wegen Mordes angeklagte O. J. Simpson von ihrem Publikum als »weiß« wahrgenommen werden. Ihre »weiße« soziale Attitüde durchbricht das rassistische Farbschema in der Wahrnehmung.

Jüdische Deutsche waren von den Nazis von christlichen oder nicht gläubigen Deutschen – außer durch religiöse Kleidung – nicht zu unterscheiden. Äußerliche Unterschiede zwischen dunkelhaarigen, braunäugigen Süddeutschen und größeren, blonden und blauäugigen Norddeutschen waren viel auffälliger. Um eine Religionszugehörigkeit zur »Rassenunterscheidung« umzubrechen, genügten weder antisemitische Klischeebilder noch die Vermessungen der Rassenhygieniker. Die Faschisten brauchten die Namen Israel und Sara im deutschen Paß und den gelben Judenstern, um zu unterscheiden, was sich ansonsten als angeblich »andere Rasse« nicht unterscheiden ließ.

Jüdischer Glauben verlief quer zur Klassenzugehörigkeit. Rassistische Bilder vermeintlich oder tatsächlich andersfarbiger Menschen existierten auch in den Köpfen jüdischer BürgerInnen genau wie in denen christlicher BürgerInnen. Daß sie zur herrschenden

Kultur in Deutschland gehört hatten, deutschnational dachten, im ersten Weltkrieg alles gegen die Feinde der Deutschen geopfert hatten, ließ sie, die sich plötzlich in einen rassistischen Topf mit den »Negern« geworfen sahen, oft auch an ihrer Ausgrenzung aus dem Bürgertum zerbrechen.

Alle Ausgrenzung dient der Eingrenzung der Besonderen. Die Unterdrückten im eigenen Land werden es danken: Erlaubt ihnen doch die Teilhabe an der rassistischen Stigmatisierung der anderen – als Vehikel dient auch die Herausbildung von Nationen –, daß sie sich überlegen fühlen und nicht etwa mit anderen Unterdrückten paktieren.

Rassistisch Diskriminierte nehmen, wie wir gesehen haben, die Fremdstigmatisierung oft auch an. Dies ist eine Voraussetzung dafür, daß Rassismus Gegenrassismus produzieren kann. Die Mauern der Ausgrenzung werden von innen verstärkt. Die US-Organisation Nation of Islam will z. B. einen eigenen Staat (Nation) für die »schwarze Rasse« in den USA. Kein Wunder, daß sich ihre Vertreter – bei soviel Interessenübereinstimmung – gelegentlich mit dem Ku-Klux-Klan treffen, mit der rechtsextremistischen EAP von LaRouche, oder daß »weiße« Nazis auf Veranstaltungen der Nation of Islam beklatschte Reden halten dürfen.

Marx' Kritik an der bürgerlichen Philosophie und Geschichtsschreibung weist in gewisser Weise eine hübsche Parallele zur Kritik an der Selbstrassifizierung der »Schwarzen« und an der feministischen Differenztheorie und ähnlichem Gedankengut auf: »Während im gewöhnlichen Leben jeder Shopkeeper (Krämer, Ladenbesitzer; J. D.) sehr wohl zwischen Dem zu unterscheiden weiß, was Jemand zu sein vorgibt, und dem, was er wirklich ist, so ist unsre Geschichtsschreibung noch nicht zu dieser trivialen Erkenntnis gekommen. Sie glaubt jeder Epoche aufs Wort, was sie von sich selbst sagt und sich einbildet.«[51]

Die reaktive Selbstrassifizierung dient einigen dazu, sich die Herrschaft innerhalb des gesellschaftlich diskriminierten Kollektivs

51 Karl Marx und Friedrich Engels, *Deutsche Ideologie, I, Feuerbach*, MEW 3, S. 49

zu sichern. Die Geschichte wird gefälscht, neue (afrikanische) Helden ausgegraben, positive »schwarze Rasseeigenschaften« erfunden, das besondere Andere des eigenen Kollektivs mystifiziert. Der »weiße« Rassist kann jubeln, weil das rassistische von ihm konstruierte »schwarze« Kollektiv sich seine rassistische Kategorisierung zu eigen macht. Die Forderung, ein sozial gleicher Mensch zu sein, wird nicht mehr gestellt. Statt dessen heißt es: Wir sind anders, und wir sind besser als die anderen. Die Opfer des Rassismus wehren sich mit den Mitteln der RassistInnen und akzeptieren deren Methoden als Norm. Sie befördern, was sie unterdrückt.

In seinem Hamburger Vortrag erläuterte Christoph Türcke – im Kontext seines Vortrages schlüssig – die »anthropologische Konstante« Fremdenhaß. Seine Übertragung der biologistischen »Erkenntnisse« eines Konrad Lorenz oder Irenäus Eibl-Eibesfeld in die Geisteswissenschaften faszinierte die ZuhörerInnen. Der Referent bot ihnen Entlastung, indem er sie über die Abgründe ihrer »Seele« aufklärte. Das liebt der deutsche Bildungsbürger und die Bildungsbürgerin, welcher ideologische Gehalt auch immer transportiert wird, Hauptsache, die Sache wird gut erklärt und die Menschenverachtung literarisch edel formuliert.

Was wäre, wenn die Indianer die anlandenden Spanier nicht für weiße Götter gehalten, sondern sie getötet hätten, fragte Türcke. Wäre das nicht viel besser? »Fremdenhaß« gehöre »zu den ältesten und finstersten Regungen der Menschheit«. Was bedeutet das Beispiel? War diese primitive indianische »Rasse« dummerweise nicht mit dem nötigen anthropologischen Fremdenhaß zivilisierter »Rassen« ausgestattet und hat die ankommenden Spanier deshalb bei Anlandung nicht umgebracht? Oder meint Türcke, daß Trikont-Flüchtlinge heute »für uns« eine den mörderischen Columbus-Horden vergleichbare schreckliche Gefahr darstellen? (Wie gut, daß unser ›anthropologischer Reflex‹ heute so prächtig funktioniert, wir wollen unser Gold schließlich behalten.)

Daß Kapitalismus ohne die eine und die andere Gestalt des Rassismus nicht mehr auskommt, weil sich das grundsätzliche Interesse der optimalen Verwertung des Menschen (und der Natur) mit der Unterscheidung der Menschen in minderwertiges und höherwertiges »Menschenmaterial« (für gentechnische Zwecke zum Beispiel) aufs widerlichste verbindet, leugnet Türcke. Er trennt die »Gleichschaltung aller Menschen« von dem Versuch der »Etablierung einer Herrenrasse« ab, er sagt, der Kapitalismus sei kein »genuin rassistisches System«.

Daß der Kapitalismus die Gleichschaltung aller Menschen zum Ziel habe, ist mindestens eine undifferenzierte Feststellung. Er beseitigt gesellschaftliche Verhältnisse, die sich dem Verwertungsprozeß des Kapitals entgegenstellen, z. B. die des Feudalismus. Gleichzeitig produziert die sogenannte Gleichschaltung nur die Entwicklung neuer Ungleichheiten und den Einbau alter nützlicher Ungleichheiten in die neuen Herrschaftsverhältnisse, die der kapitalistischen Verwertung dienen. Die Spaltung der Menschen, egal ob in arm und reich, in völlig Marginalisierte, Überflüssige, in Teilfunktionen Verwertbare, in aus dem Produktionsprozeß Ausgestoßene und in das Proletariat mit seinen verschiedenen Erscheinungsformen sowie die geschlechtsspezifische Aufteilung liegt im Wesen des Kapitalismus.

Insofern ist es dem Kapitalismus immanent, auf die eine oder andere Art angeblich »minderwertige« Menschen von »höherwertigen« zu unterscheiden. Wie sich die Unterscheidung ausdrückt, kann höchst unterschiedlich sein.

Eine der primitiveren Formen ist die Definition des Deutschseins in Abhängigkeit vom »Blut« (Abstammung). Eine erweiterte ist die Bewertung von Menschen anhand ihres »genetischen Materials«, eine andere die Konstruktion des rassistischen »Ethnopluralismus«, des kulturellen Rassismus. Die Erscheinungsformen des Rassismus mögen unterschiedlich sein, ihre historischen Wurzeln sind sogar älter als der Kapitalismus, aber heute ist Rassismus untrennbar verflochtener Bestandteil der patriarchal-kapitalistischen Herrschaftsverhältnisse.

Rassismus läßt sich nicht als genetisch bedingter »natürlicher« Fremdenhaß verkleiden und entschuldigen. Wozu Türcke die Unterscheidung in Fremdenhaß und als dessen angebliche Variante den Rassismus braucht, erfuhren wir gegen Ende des Vortrags:

»Dem sozialen Netz steht tatsächlich eine Zerreißprobe bevor, und der neue deutsche Fremdenhaß ist die Spürnase dafür. Nicht daß er weniger inhuman wäre als der der 30er Jahre, aber er ist weniger paranoid. Die jüdische Weltverschwörung war ein Hirngespinst. Der ›Einwanderungsdruck verelendeter Massen‹ existiert wirklich«. Die Asylsuchenden, die »vorgedrungen« seien, seien »nur die Vorhut derer, die draußen warten«. Jeder Aufgenommene, sagte Türcke, »ermuntert hundert andere« und die »Versorgungsanstalt Deutschland« – nicht etwa das schuldtragende kapitalistische Ausbeuterzentrum –, ist »kaum mehr in der Lage, eine großzügige Asylpolitik zu treiben.«

Erst auf diese letzten Sätze gab es Proteste im Saal, aber nur von einer Minderheit der ZuhörerInnen. Die Mehrheit der angeblich linken KongreßteilnehmerInnen im Saal erregte sich nach wie vor mehr über die Störungen als über die moderat vorgetragenen rassistischen Scheußlichkeiten. Deutsche Sekundärtugenden.

Der Konflikt hat mir gezeigt, wo ein Teil der Linken heute steht, ein größerer Teil als angenommen. Es ist besser, die Situation realistisch einzuschätzen, als sich einen Zustand zu erträumen, mit dem politisch nicht zu arbeiten ist.

Der Kampf um Gleichheit und Gleichberechtigung fordert Opfer. Manchmal gibt es kleine Erfolge. Handelt es sich beispielsweise um Frauenbefreiung, gehören die kleinen reformerischen Erfolge zu den ersten, die in Krisenzeiten kassiert werden, in den Gewerkschaften, in Parteien, im öffentlichen Dienst usw. Die Niedergeschlagenheit über politische Mißerfolge füttert die Resignation, und aus dieser Resignation entstehen offensichtlich falsche Schlußfolgerungen. Nur weil eine soziale Auseinandersetzung in die Sackgasse geraten ist, gibt es keinen Grund, an der Notwendigkeit von Befreiung und Gleichheit zu zweifeln. Könnte mensch meinen.

Claudia Pinl zitiert in ihrem lesenswerten Buch *Vom kleinen zum großen Unterschied*[52] aus einem Brief der Frankfurter Frauenschule

52 Claudia Pinl, *Vom kleinen zum großen Unterschied, »Geschlechterdifferenz« und konservative Wende im Feminismus*, Hamburg 1993, S. 8

im Namen von rund zwei Dutzend hessischen Frauenprojekten. Nun muß mensch wissen, diese Frauenprojekte haben ihre Wurzeln unter anderem in der autonomen Frauenbewegung und der alten linksradikalen Frankfurter Spontiszene. Im politischen Milieu Frankfurts gaben diese »autonomen Frauen« in den 70er Jahren den Ton an. Sie tauchten später als angebliche linke Feministinnen am Rand der Grünen und in ihnen auf, als es darum ging, der Clique um Daniel Cohn-Bendit und Joschka Fischer nach ihrem Eintritt in die Grünen in Frankfurt und Hessen eine Mehrheit gegen die linken Grünen zu verschaffen. Der Trick der »autonomen« Frauen war, scheinbar von links anzugreifen, die Parteistrukturen zu attackieren, die angeblich mangelnde Flexibilität der Linken usw., um dann dem rechten, anpassungsbereiten Flügel zur neuen Mehrheit zu verhelfen und den ganzen Laden nach rechts zu schleppen.

Welche Auffassung von Emanzipation tatsächlich hinter dieser Richtung des Feminismus steht, bekam die Ex-Frauen- und Arbeitsministerin Heide Pfarr (SPD) im Oktober 1991 zu spüren. So schnoddrig wie zutreffend hatte sie gegen den Vorschlag einer staatlichen Finanzierung der Hausarbeit gewettert: »Diesen weiblichen Lebensentwurf unterstütze ich nicht, sondern bekämpfe ihn, wo ich ihn treffe.« Sie wurde daraufhin nicht nur von der CDU angegriffen, sondern auch von den besagten »autonomen« Frauen.

In ihrem Brief verlangten diese hessischen Frauenprojekte, »daß die radikal unterschiedlichen Lebenserfahrungen und Berufsbiographien von Frauen und Männern nicht nur gesellschaftlich mehr akzeptiert, sondern zur *Grundlage des Denkens* und der Beziehung der Geschlechter gemacht werden«. (Hervorhebung J. D.)

Das schlechte IST wird so als erstrebenswertes SOLL deklariert. Eine unterdrückerische Realität und die in ihr gemachten sozialen Unterschiede sollen zur *Grundlage des Denkens* werden. Ein Denken, das als seine Voraussetzung die eigene Beschränkung verlangt, hat soviel mit Verstand zu tun wie die Osterbotschaft des Vatikans: nichts. Das reaktionäre Dogma – die angeblich natürliche, fundamentale Differenz von Frauen und Männern – zertrampelt jegliche soziale Utopie, die im Widerspruch zur heutigen Realität einem *relativ* freien politischen Denken entspringt.

Die Autorinnen verlangen die Abschaffung des Denkens und der analytischen Kritik, indem sie die realexistierenden Herrschaftsverhältnisse zu deren Voraussetzung bestimmen. Sie sind zumindest im Kampf um Gleichheit gescheitert. Darin liegt noch keine Schmach. Erst wenn das Scheitern dem (Selbst)Betrug dient und die herrschende Ideologie – oder Teile von ihr – zur neuen, frei erworbenen Anschauung aus Erfahrung verklärt werden, beginnt die Lüge aus Opportunismus.

Das macht die Niederlage im Kampf gegen patriarchal-kapitalistische Unterdrückung erst perfekt. Der Kampf um Gleichberechtigung wird aufgegeben und in sein Gegenteil verkehrt: Er wird zum Kampf gegen Gleichberechtigung, für eine vermeintlich natürliche »Differenz« zwischen Mann und Frau, die weiter geht und bestimmender ist als nur der Besitz von Geschlechtsorganen.

Nur weil es Menschen mit Penis und Menschen mit Vagina gibt, existieren noch lange keine getrennten Männer- und Frauenwelten und in ihnen keine »natürlichen« Geschlechtscharaktere. Wer den kleinen anatomischen Unterschied zum großen Unterschied erhöht, übernimmt die menschengemachte gesellschaftliche Arbeitsteilung zwischen Männern und Frauen. Wie immer die Rollenverteilung in der menschlichen Frühgeschichte durchgesetzt wurde, die Möglichkeit einer neunmonatigen Schwangerschaft eines Menschen *mit* Gebärmutter begründet weder die Herrschaft durch einen Menschen *ohne* Uterus noch zwei angeblich allumfassend differente – in sich womöglich noch homogene – Sorten von Menschen.

Um die in der Frauenbewegung wuchernde reaktionäre Differenztheorie zu begründen, werden alle möglichen Erscheinungen herangezogen. Doch Oberflächenbetrachtungen haben noch nie etwas erklärt. Menschen, die gebären können, wurden seit vielen Jahrtausenden in ähnliche gesellschaftliche Situationen gedrängt: Sie hatten und haben dramatisch geringere Möglichkeiten, sich als Mensch zu entfalten. Sie leisten weltweit riesige Mengen an unbezahlter Mehrarbeit. Für mehr Erwerbsarbeitszeit als Männer bekommen sie unendlich geringeren Lohn. Sie haben durchweg den schlechteren Zugang zu Bildung. Ihr Anteil am gesellschaftlichen Eigentum ist geringer als der der Männer.

Sie haben selbst für die schlichtesten bürgerlichen Rechte in den kapitalistischen Ländern bis in dieses Jahrhundert kämpfen müssen. Lange nach den Männern durften sie wählen, erst seit wenigen Jahrzehnten unabhängig vom Willen des Ehemannes einen Beruf ausüben.

Jede miese Unterdrückung von Frauen, verfilzt mit ihrer Klassenzugehörigkeit, wurde mit ihrem angeblichen Anderssein gerechtfertigt, das doch stets nur ein gesellschaftlich gemachtes Anderssein ist.

Wird eine Gruppe von Menschen über Jahrtausende in eine bestimmte Rolle gedrängt, wird ihr jede künstlerische, intellektuelle und rationale Qualifikation generell abgesprochen, werden ihr bestimmte Eigenschaften zugesprochen und werden diese so erfolgreich überhöht (»Mütterlichkeit«), daß die Frauen selbst glauben, daß nur sie die natürlichen Trägerinnen dieser allgemein menschlichen Eigenschaften (»Fürsorglichkeit«) sind, entstehen deutlich sichtbare »Unterschiede«. Die Erscheinung wird mit dem Wesen verwechselt.

Menschliche Eigenschaften verkümmern im Kapitalismus ohnehin bei allen Menschen. Die jeweils unerwünschten Eigenschaften, bei Männern und Frauen also unterschiedliche, werden diskreditiert, die geschlechtsspezifisch erwünschten (über)betont und auf diese Weise – noch dazu unter kapitalistischen Verhältnissen – deformiert.

Ein fürsorglicher, nichtkonkurrenter Mann wird zur weichen Memme, eine rationale, intellektuelle Frau zum kalten Monster. Wohin wir auch sehen: Gespaltene, einseitig entfaltete, stigmatisierte Menschen. Was für ein Verlust!

Wenn die Opfer nun ihre Sklaveneigenschaften veredeln, wie nennen wir das? Wenn sie die Namen und Beschreibungen ihrer Unterdrücker für sich annehmen und in Wissenschaft verkleiden, was ist das? Nichts anderes als die vollendete Unterwerfung, ein Triumph für das Patriarchat. »Männlichkeit« und »Weiblichkeit«, diese konstruierten Bündel angeblich natürlicher Eigenschaften, sind »historische Geschlechtskrankheiten«, polemisiert Christina Thürmer-Rohr[53].

Die reaktionäre Botschaft der angeblichen großen Differenz beeinflußt nicht nur den rechten Teil der Frauenbewegung. Ein Teil der linken Feministinnen hat die Botschaft in veränderter Form aufgenommen und in die Form des Separatismus gegossen. Aus politischen, autonomen Räumen, den Kampf- und Trainingsfeldern für eine andere soziale Wirklichkeit, wurden separatistische Schonräume für das angeblich natürliche »weibliche Anderssein«.

Der neuen Mythen sind viele. Das weibliche Anderssein wird aus der angeblich engeren Verbindung zur Erde, zur Natur abgeleitet: Der Frau werden sozialere Eigenschaften, die größere Empfindsamkeit, sogar die höherwertige Sexualität zugesprochen. Daß sie gebären kann, fesselt sie gewissermaßen mitsamt ihrem Hormonhaushalt dicht an den Boden. Der männliche Penis, heißt es, symbolisiere die einseitige und aggressive Sexualität des Mannes usw. Bullshit! Wer je die Abwehr beim Freistoß beobachtet hat, weiß, wie wenig gefährlich ein Penis als solcher ist, und wie geschickt geschützt der weibliche kleine Unterschied doch liegt.

So sehr eine Vergewaltigung Ausdruck von Herrschaft und nicht von Sexualität ist, so wenig ist die Bedrohlichkeit männlicher Gewalt von der Existenz des männlichen Genitals abhängig. Sexuelle Gewalt ist Ausdruck der sozialen Stellung von Männern in patriarchalen Gesellschaften und nicht der Möglichkeit einer männlichen Erektion.

Zur Frau wird frau gemacht (frei nach Simone de Beauvoir). Indem die DifferenztheoretikerInnen festschreiben, daß es die vom Mann wesentlich zu unterscheidende Frau gibt, argumentieren sie wie alle frauenfeindlichen Religionen (und andere als frauenfeindliche gibt es unter den herrschenden Religionen nicht). Die Frau ist doch wieder nichts als der Gegenpol zum Mann, die Ergänzung des eigentlichen Menschen, die Rippe.

Die gepriesene »Vielfalt weiblicher Lebensentwürfe« entlarvt

53 in: Claudia Pinl, *Vom kleinen zum großen Unterschied, »Geschlechterdifferenz« und konservative Wende im Feminismus*, Hamburg 1993, S. 13

sich als das traditionelle Klischee. Die Frau ist kein gleicher Mensch, und sie hat nicht die Freiheit, ihr ganzes Menschsein auszuleben (genauso wenig wie der auf andere Weise reduzierte männliche Mensch). Die Frau ist nicht sozial gleich, sondern anderen Frauen in einem ideologietriefenden Frauenbild zwangsgleichgestellt, ob von rechten Ideologinnen in der Frauenbewegung, bürgerlichen TechnokratInnen, dem Vatikan oder im reaktionären Frau-gleich-naturnahe-Kitsch der Esoterik.

Die Differenztheorie löst ihren Anspruch nirgends ein, der »Vielfalt weiblicher Lebensentwürfe« gerecht zu werden. Sie ideologisiert soziale Realität. Was ist das für ein »Entwurf« von Leben, der von der Gesellschaft aufgezwungen wird? Ein Mensch, dessen Kopf erst einmal so erfolgreich beherrscht wird, daß sie sich ein anderes als ein traditionelles Frauenleben nicht vorstellen kann, kann nichts »entwerfen«.

Die berechtigte Kritik an Gleichstellungspolitik wird falsch, wenn sie meint, die Frau sei dem Mann nicht gleichzustellen, weil sie grundsätzlich anders sei. Die Kritik von links an Gleichstellungspolitik sollte lauten: Gleichstellungspolitik ist ein reformerischer Ansatz. Der Begriff Gleichstellung gibt vor, daß Männer das anzustrebende Ideal seien, dem Frauen gleichgemacht werden sollten. Auf dem Weg zu wirklicher Gleichheit als Mensch kämpfen wir im Zwischenschritt um bürgerliche Gleichberechtigung als Frau: um die gleiche Verteilung von Haus- und Kinderarbeit, die gleichen Zugangsmöglichkeiten zu Bildung, die gleichen Chancen im Beruf, gleiche Bezahlung für gleiche Arbeit, wie in allen gesellschaftlichen Bereichen usw.

Aber das Ziel ist nicht die quotierte Beteiligung an den herrschenden Verhältnissen (und nicht das Gleichsein mit dem männlichen Menschen, wie er heute ist), sondern die Abschaffung der Herrschaft des Menschen über den Menschen überhaupt. Auf dem Weg dahin kann eine qualifizierte Quotierung ein Hilfsmittel sein (sicher nicht die Quotierung der AufsichtsrätInnen in der Rüstungsindustrie oder der GefängniswärterInnen). Politische Vorschläge aus feministischer Absicht müssen sich am großen Ziel der sozialen

Gleichheit messen lassen, sie dürfen kurzfristig sein, dem Ziel aber nie grundsätzlich im Weg stehen. Der differenztheoretische Ansatz ist in seinem Kern antiemanzipatorisch.

Ich gehe in den Frankfurter Frauenbuchladen, und was wird mir empfohlen? *Wie weibliche Freiheit entsteht* vom Mailänder Frauenbuchladen[54]. Die Autorinnen, die die bundesdeutsche Frauenbewegung – wie auch die italienische Linke – bedauerlicherweise heftig beeinflußten, wettern gegen alle Gleichheit: gegen Gleichstellungsgesetze, gegen jede Politik der sozialen und politischen Gleichberechtigung. Sie unterstellen, daß der Kampf um Gleichheit »Gleichmacherei« sei, der den Frauen jede Individualität raube. Das Gegenteil ist der Fall.

Die »weibliche Freiheit« entstehe, so die Mailänderinnen, durch die Bildung einer weiblichen Welt, in der sich die Frauen soziale Mütter wählen, die sie als Autorität anerkennen (affidamento). In dieser Welt werde die gegenseitige weibliche Wertschätzung geübt und die real herrschende Welt der Männer dadurch entmachtet, daß ihr schlicht die Anerkennung verweigert wird.

Frauenbefreiung wird zum idealistischen, gedanklichen Akt und hat mit der sozialen Realität der meisten Frauen, vor allem der unterprivilegierten, so wenig zu tun wie mit der Aufhebung der sozialen Unterschiede. Wie alle Differenzansätze ist auch dieser ein Ausdruck der Ideologie einiger Mittelschichtsfrauen.

Eine der bekanntesten DifferenztheoretikerInnen ist die französische Psychoanalytikerin Luce Irigaray[55]. In einer Logik, ähnlich der Enzensbergers oder Türckes, behauptet Irigaray, eine universale Ethik sei Ausdruck patriarchaler Hegemonie. So schließen sich die Scharniere zwischen den Angriffen gegen die soziale Gleichheit und die Emanzipation des Menschen, die von ganz verschiedenen Seiten kommen und tragischerweise auch ausgerechnet aus jenen Strömungen und Traditionen, die eine enge Beziehung zu jenen Grundwerten behaupten, um die es mir in diesem Essay ging.

54 Libreria delle donne di Milano, *Wie weibliche Freiheit entsteht. Eine neue politische Praxis*, Berlin 1988

55 Luce Irigaray, *Zur Geschlechterdifferenz*, Wien 1987

Nicht einmal der selbst gesetzte Wert der formalen Gleichheit wird in einer bürgerlichen Gesellschaft wie der Bundesrepublik Deutschland eingelöst. Die formale politische Gleichheit ersäuft im Parteienprivileg, der 5-Prozent-Hürde, im Medienzugriff der bürgerlichen Parteien auf die elektronische Manipulation der angeblich so gleichen WählerInnen. Im Bundestagswahlkampf 1994 spielte, außer dem reflexhaften Gebrauch des Wortes »Arbeitslosigkeit« die tatsächliche, unverfälschte Lage der Menschen keine Rolle. Und das Schreckliche ist: Die meisten Menschen haben kaum mehr ein eigenes Bild von ihrer Lage, sondern übernehmen fremde und fremdbestimmte.

Es gelingt den Medien, ihr synthetisches Bild von sozialen Gruppen oder Individuen diesen aufzupfropfen. Viele Betroffene übernehmen die Fremdzuschreibung dessen, was sie angeblich sind. Diese Form der Entfremdung mißlingt nur bei denen, die sich unabhängig gemacht haben, zum Beispiel, indem sie Milieus aufbauten, wo sie sich mit der sozialen Realität auseinandersetzen können.

Ob Eigenverantwortung für Armut, Selbstrassifizierung von »Schwarzen« oder die Behauptung, der kleine Unterschied sei eine grundsätzliche Differenz, die Opfer der sozialen Ungleichheit haben begonnen, ihr Lage zu rationalisieren, ihre wissenschaftliche Verklärung zuzulassen, soziale Differenzen zu biologisieren.

Die LieferantInnen der differenten Ideologien kommen oft von links, sind frühere Aufständische oder linke TheoretikerInnen, die im besten Fall den Boden unter den Füßen verloren haben: Der Schein der Unterschiedlichkeit wird für die Wirklichkeit genommen, eine materialistische Analyse der gesellschaftlichen Entwicklung findet nicht statt.

Die offenen und die verkappten GegnerInnen der Gleichheit aller Menschen – ob KapitalistInnen, ehemalige KommunistInnen, GentechnikwissenschaftlerInnen usw. – stehen der Antwort auf die Frage, wie denn die soziale Gleichheit der Menschen durchgesetzt werden soll, nicht etwa einfach gleichgültig gegenüber. Denn soziale Gleichheit ist letztlich nur durch einen Prozeß sozialer Revolution, der die kapitalistischen Produktionsverhältnisse auflöst, möglich. Sie sind nicht nur gegen diesen Prozeß, sondern sie werden aktiv auf seiten der Herrschenden kämpfen, um ihre Privilegien zu behalten.

Die Forderung nach sozialer Gleichheit aller Menschen klingt wie ein ewig gültiger Wert und ist doch nur zeitlich begrenzt gültig, solange, wie die soziale Gleichheit der Menschen nicht hergestellt ist. Nur solange hat sie einen Inhalt. In einer Gesellschaft, in der alle Menschen alle Möglichkeit haben, sich frei und ohne Einschränkung – auch materieller Art – zu entfalten, einer Gesellschaft, die frei von Klassenherrschaft ist, was für einen Sinn sollte da die Forderung nach Gleichheit haben? Wessen Gleichheit mit wem?

Soziale Utopie ist, einen Zustand zu erreichen, in dem die Forderung nach sozialer Gleichheit überflüssig wird, weil der Mensch, der alle Möglichkeiten hat, sich in einem Gemeinwesen zu entfalten, unter Berücksichtigung dessen, was gesellschaftlich notwendig ist, zum Beispiel, die Natur zu erhalten, nicht einem anderen gleich sein muß, sondern individuell so unterschiedlich sein kann, wie sie und er will.

Die Gleichheit hat in einer Gesellschaft, jenseits der patriarchal-kapitalistischen Grenze, in der alle Klassen und die Herrschaft des Menschen über den Menschen abgeschafft sind (also wirkliche soziale Gleichheit herrscht, und nicht nur Schatten der rein formalen politischen und juristischen), keinen Inhalt mehr. Aber auch erst dann. Vorher ist es beinahe umgekehrt.

Wer individuelle menschliche Unterschiedlichkeit vorher in den Gefängnissen von Geschlecht, ethnischer Gruppe/»Rasse« oder genetischem Typ gefangennimmt, damit in diesen Gruppen Gleichheiten erzwingt und individuelle Verschiedenheit denunziert, vernichtet das bißchen hart erkämpfte bürgerliche Gleichheit, das uns den Boden abgibt, für die soziale Gleichheit aller Menschen zu kämpfen.